Andreas Härdter

Jahresgedicht 2017

365 Kurzgedichte zur aktuellen Zeitgeschichte

Buch

Die wichtigsten Ereignisse eines jeden Tages im Jahr 2017 sind hier in gereimter Form wiedergegeben. Es soll auf angenehme Weise und knapp gehalten, mal ernst, mal heiter, der Erinnerung an dieses ereignisreiche Jahr dienen.

Ähnlich wie in den beliebten Fernseh-Jahresrückblicken, die alljährlich über die Bildschirme flimmern, wird es dem Leser erstaunlich oft so ergehen, dass er sich an die Stirn tippt und denkt: „Ach ja, das hatte ich schon fast vergessen!"

Bestimmte persönliche Jahrestage (Geburtstag, Hochzeitstag etc.) lassen sich so leicht mit den nachrichtlich relevanten Ereignissen des Jahres in Beziehung setzen. Oder man lässt einfach Stück für Stück das Jahr in entspannter Atmosphäre in die Erinnerung zurückrufen.

Ein einmaliges Zeitdokument!

Autor

Andreas Härdter, Jahrgang 1956, verbrachte die ersten Jahre seiner Kindheit bei Stuttgart und zog dann in die Nähe von Braunschweig. Nach dem Abitur und Berufsausbildungen im sozialen Bereich entdeckte er seine Vorliebe für Fremdsprachen wieder und schloss eine Ausbildung zum Übersetzer an. Immer wieder zog es ihn in die weite Welt hinaus, und er bereiste intensiv fast alle Erdteile.

Nach dem Lyrikband „Jahresgedicht 2002 - 365 Kurzgedichte zur aktuellen Weltgeschichte" -, in dem er die täglichen Topnachrichten des Jahres 2002 mal ernst, mal heiter in Reimform brachte, veröffentlichte er 2007 seinen „Spaziergang nach Rom". In ihm verarbeitete er all die Kuriositäten und witzigen Erlebnisse seines langen Fußmarsches von Braunschweig in die Ewige Stadt zu einem humorvollen Werk.

Daran knüpft sein 2013 erschienener satirischer Reisebericht „Die Hanse-Runde – geradelt" an, in dem er seine Erlebnisse bei der Umfahrung der gesamten Ostsee auf dem Fahrrad in ähnlicher, humorvoller Weise beschreibt.

„Der Zeitenzeuge" (2011) ist sein erster Roman. In ihm beschreibt der überzeugte Atheist das fiktive Leben des ursprünglichen Ägypters Semenchkare, der aufgrund einer vererbten Genmutation als extrem langlebiger Mensch die großen Zeiten der Religionsgründungen miterlebt hat und uns heute bezeugen kann, dass sich niemals ein Gott wirklich offenbart hat. Seit 2015 ist dieses Werk auch in altdeutscher Schrift (Sütterlin/Kurrent) erhältlich.

Aus dem ersten Jahresgedicht hat der Autor inzwischen eine Buchreihe unter gleichem Namen gemacht und fügt nach den Bänden für 2012, 2013, 2014, 2015, 2016 und 2017 derzeit auch dem Jahr 2018 täglich eine weitere Nachrichtenstrophe hinzu.

2011 gründete er einen eigenen Verlag mit dem Namen „Freigeistiger Verlag Andreas Härdter". Er ist verheiratet und Vater dreier Kinder.

Bibliografische Information der Deutschen Bibliothek
Die Deutsche Nationalbibliothek verzeichnet diese Publikation
in der deutschen Nationalbibliografie; detaillierte bibliografische
Daten sind im Internet über http://dnb.ddb.de abrufbar.

Andreas Härdter

Jahresgedicht 2017

Vechelde: Freigeistiger Verlag Andreas Härdter

ISBN 978-3-943070-19-4

1. Auflage 2018

© 2018 by Freigeistiger Verlag Andreas Härdter
Hugo-Herden-Ring 19, 38159 Vechelde
Germany
Alle Rechte vorbehalten.
Produktion und Herstellung: Freigeistiger Verlag Andreas Härdter
Printed in Germany by Amazon Distribution GmbH, Leipzig

Auch als eBook erhältlich: ISBN 978-3-943070-20-0

www.freigeistiger-verlag.de

Andreas Härdter

Jahresgedicht 2017

365 Kurzgedichte
Zur aktuellen Zeitgeschichte

Januar

1. Januar:

Mit Terror ging das alte Jahr zu Ende,
Auch 2017 gibt's wohl keine Wende.
Schon kurz nach Mitternacht
Setzt sich fort in Istanbul die Schlacht.
Salven in der Nobeldiskothek,
Für 39 Menschen jede Hilfe kam zu spät.

2. Januar:

Bei uns ist Köln nun wieder Thema.
Polizei, die beim letzten Jahreswechsel fehlte,
Gab's dieses Jahr nun im Extrema.
Dennoch man viele Afrikaner zählte,
In böser Absicht, scheint's, erschienen.
Die tat man mit Verweis bedienen.

3. Januar:

Thomas De Maizière
Treibt jetzt die Länder vor sich her.
Den Verfassungsschutz will allein er übernehmen,
Doch wird er sich damit wohl überheben.
Das Grundgesetz, das müsst' er dazu ändern
Und bräucht' auch noch die Stimmen aus den Ländern.

4. Januar:

Gewitter, Sturmflut, Eiseskälte,
Tief *Axel* bringt die Winterwende.
An der Ostsee gab's *Land unter* schon in Bälde
Und im Süden kriegt man bei Minus 20 kalte Hände.

5. Januar:

Amri war den Behörden hinlänglich bekannt,
Doch er sich vor deren Zugriff schnell entwandt.
Nun fragt man sich, wie es gelingen konnte,

Dass er in Berlin den Laster in die Menge rammte.
Haben die Behörden denn total versagt?,
Sich so mancher Bürger fragt.
Doch im Rechtsstaat reicht noch nicht der blank' Verdacht -
Dies' Risiko den Staat nun angreifbarer macht.

6. Januar:

Drei Könige hat die FDP schon lang nicht mehr,
Trotzdem gab es heut' ihr traditionelles Treffen.
Christian Lindner gibt den Entertainer her,
Präsentiert im Wahljahr nach dem Untergang nun neues Hoffen.

7. Januar:

Verglichen mit Moskaus Minus 40 Grad
Es uns in diesem Lande nicht so schwer erwischt hat.
Doch ist hier Blitzeis auch ein landesweites Phänomen:
Überall sieht man Leute heut' zu Boden geh'n.
Auf den Straßen kracht' es tausend' Mal,
Zum Glück gab's meistens nur zerbeulten Stahl.

8. Januar:

Meryl Streep beim Golden Globe
Gibt Trumps America No Hope.
Sie hat den Kern des Mannes voll getroffen
Und beschrieb, wie er meint Behinderte hätt' nachzuäffen.
"Take your broken heart -
Make it into art".

9. Januar:

Im Parlament bekommt Erdogan das Präsidialsystem nicht
                                                    durch.
Jetzt soll das Volk die Diktatur sich selber wählen.
Unterdrückt wird, wer auf der Straße ausdrückt seine Furcht,
Durchs Referendum will er seine Machtbefugnis stählen.

10. Januar:

Roman Herzog ist verstorben.
Heut' am frühen Morgen.
82 Jahr' ist er geworden.
Er ist noch durch den "Ruck" bekannt
Als Bundespräsident in unserm Land.

11. Januar:

Mit der Bauzeit verschätzt hatte man sich um ein paar Jahr',
Bei den Kosten um den Faktor 10 sogar.
Heute wurd' Elphi feierlich nun eingeweiht,
Höchste Prominenz stand dazu gern bereit.
Ihr Klang sei einfach wunderbar,
Berichtete die Hörerschar.

12. Januar:

Jetzt steht VW nicht mehr allein.
Auch Fiat-Chrysler baute Mogelsoftware ein.
Das jedenfalls behauptet nun die EPA,
Umweltbehörde in den USA.
Unterdessen muss ein Deutscher in der Zelle schwitzen,
Bis zu 169 Jahre soll er vielleicht mal darin sitzen.

13. Januar:

Bei "E" wie Egon sind wir bei den Tiefs schon angelangt,
Gar mancher wegen Schnee und Sturmflut um seine Habe bangt.
Viele Laster standen auf den Straßen quer -
Vorbei kamen somit auch die Räumfahrzeuge nicht mehr.
Doch lange währt das Chaos nicht,
Es zieht nach Polen, von Westen gibt es Licht.

14. Januar:

Damit facebook nicht zum fakebook wird,
Will Zuckerberg was machen.
Auch, damit man in Deutschland einen sachlich' Wahlkampf
                                        führt,

Rüst' man auf, dass Hacker haben nichts zu lachen.

15. Januar:

Erika Steinbach verlässt die CDU.
Jahrzehntelang gab sie dorten keine Ruh.
Politisch gehört sie wohl zu AfD und Trump dazu.
Zu blöden Ochsen passt nunmal 'ne dumme Q.

16. Januar:

Die NATO obsolet,
Für die EU sei's eh zu spät
Und Zölle auf deutsche Autos.
Schwachsinn aus Donald's Maul bloß?
Der Mann ist für alle nur Gefahr -
Gepaart mit Macht - bleibt er nicht nur sonderbar.

17. Januar:

Die NPD wird nicht verboten,
Hat das BVG bestimmt.
Die Länder konnten kein überzeugend' Päckchen knoten,
Damit die Nazi-Brut zerrinnt.

18. Januar:

Nazi Höcke probiert für die AfD was aus:
Nennt das Holocaust-Mahnmal 'ne Schandt'.
Nach Protest macht er 'ne Missdeutung daraus -
Man regt sich auf im ganzen Land -
Und die Partei die Achtsamkeit dann fand.

19. Januar:

Erdstöße in den Abruzzen.
Hotelgäste in der Lobby schon versammelt.
Wollen jede Gelegenheit zum Flüchten nutzen,
Doch ist plötzlich alles nur verrammelt.
Eine Lawine hat das Hotel getroffen,
Es um Meter weiter fortgestellt.

Etwa 30 sind betroffen.
Zu fürchten ist: sie sind nicht mehr auf dieser Welt.

20. Januar:

Trump Inauguration

Ein Lügner ist seit heute an der Macht,
Der wichtigsten Großmacht dieser Welt.
Obama-Care hat als erstes er zunicht' gemacht,
Dabei ist er doch nur von einer Minderheit gewählt.
Lüge soll ab heute uns'rer Kinder Vorbild sein?
Schon jetzt rufen Hunderttausende auf den Straßen dazu "Nein!"

Trump Impeachment!

21. Januar:

Positive Nachricht tut nach so viel Trump jetzt gut:
Ob unerwartet' Menschenrettung,
Fassen Helfer in den Abruzzen neuen Mut:
Mutter und Kind übergeben heut' zur Krankenbettung

22. Januar:

"Alternativer Fakt" wird Betrug wohl jetzt genannt.
Trumps Helfer hat sich beim Zählen arg verrannt.
"Mehr Besucher als bei Obamas Amtsbeginn!",
Dazu reißt es diesen Lügenhelfer hin.
Was Fotos dann doch eindeutiger belegen:
Einen Bruchteil nur konnt' Trump zu seinem Triumph bewegen.

23. Januar:

Syriens Schicksal liegt seit heut' in Kasachstan.
In Astana treffen sich Konfliktparteien.
Die Chancen scheinen jedoch nicht groß, bald diesen Wahn
Zu beenden, schon gar nicht kann man sich von der Diktatur
                                                                           befrei'n.

24. Januar:

Gabriel gibt seinen Verzicht bekannt
Auf Allüren Richtung Kanzleramt.
Stattdessen soll es Martin Schulz jetzt machen -
Sigmar kümmert künftig sich um Außensachen.
Auch den Parteivorsitz, den legt er nieder.
Da nennt man nun den Namen Schulz schon wieder.

25. Januar:

Was Ulbricht noch zu verschleiern suchte,
Darauf ist Trump nun heut' besonders stolz:
"Mauerbau ist eingeleitet!", sagt der weithin Meistverfluchte.
Man fragt sich nur: "Was soll's?"

26. Januar:

Man sollte Trump erst selbst probieren lassen,
Was er in seiner Eile alles so beschließt.
Ich denk', er würde Waterboarding - Folter - hassen,
Wenn man ihn selber damit mal begießt.
Gratulation nach Mexiko,
Der Präsident hat seinen Trump-Besuch heut' abgesagt.
Ihm geht der Nachbar wohl vorbei am Po.
Wegen Zoll und Mauerbau hatte der ihn nämlich nicht befragt.

27. Januar:

Um die Diplomatie
Ist Steinmeier wohl recht besorgt.
Fühlt, als hätte er das Außenamt an Gabriel doch nur verborgt.
Doch der ihm die Anspielung verzieh
Und erscheint gelöst wie zuvor noch nie.

28. Januar:

Und täglich verletzt Trump
Die Menschenwürde aus seinem Amt.
Muslime lässt er seit heut' nicht mehr ins Land.

Egal, ob Tourist, Geschäft, Green Card oder wegen
                                        Familienband.
Es steht jeder unter Generalverdacht.
Und der Präsident: Er missbraucht auch weiter seine Macht.

29. Januar:

Solang er die Richter noch nicht hat ausgetauscht,
Trump doch schon mal vor die eigene Mauer rauscht.
Mancher Richter, manche Richterin
Fungiert in Sachen Menschlichkeit als ein Gewinn.
Direkte Abschiebung haben sie zunächst einmal verhindert,
Doch hat das die Bürgerwut wohl kaum gelindert.

30. Januar:

Bahnchef Grube tritt zurück.
Bei der Verhandlung kein Geschick
Zeigt der Konzern.
Während Grube 3 Jahre gern
Geblieben wäre,
Bot man ihm nur 2, so die Märe.
Kurzerhand hat er die Schnauze voll.
Man weiß jetzt nicht, wer die Bahn nun lenken soll.

31. Januar:

Jetzt wütet Trump in der Justiz herum.
Die Ministerin Yates schaltet' er heut' stumm,
Nennt sie Verräterin,
Weil sie nahm den Muslimen-Bann nicht einfach hin.
Unterdessen will er Gorsuch im Obersten Gericht.
Das wäre lebenslang - also eine Entscheidung von Gewicht.

Februar

1. Februar:

Es gab Großrazzien in Hessen.
Von einem Tunesier weiß man unterdessen,
Dass er einen Anschlag plante;
Das die Polizei schon seit Läng'rem ahnte.
16 wurden festgenommen.
Gefährder können nun auch eine Fußfessel bekommen,
Elektronisch, so hat' s die Regierung jetzt beschlossen;
Die Union ganz einig mit den SPD-Genossen.

2. Februar:

Merkel weilt bei Erdogan,
Gabriel ist in Washington,
Derweilen kommt nur einer hier in Deutschland an:
Schulz findet überall den richt'gen Ton.
Im Meinungsbild ist er an der Kanzlerin vorbei -
Alle tun, als wär' es ihnen einerlei.

3. Februar:

Die EU trifft sich auf Malta;
Man will die Flüchtlinge schon gleich in Libyen stoppen.
Doch noch immer herrscht die pure Gewalt da;
Man will die Stammesführer nun mit Geldern locken.
Sie sollen die Leut' nicht mehr auf die Boote lassen;
Millionengelder sind entsprechend anzupassen.

4. Februar:

Ein Richter im Staate Washington hat sich getraut
Und Trump die Muslimensperre glatt verbaut.
Der nun zornesrot auf den Oval-Schreibtisch haut
Und gegen den Richterspruch
In fürchterlichem Wutausbruch
Gar gräuslig schnaubt.

5. Februar:

In Rumänien erstritt das Volk -
Einen Erfolg!
Seit Tagen war es auf den Straßen -
In Massen.
Die Regierung nahm zurück jetzt
Ein Gesetz,
Das legalisierte Korruption.
Welch ein Hohn!

6. Februar:

Bashar al Assad
Zu Hitler immer mehr an Parallelen hat.
Gegner lässt er systematisch wohl vernichten,
Gibt pauschal Befehl, sie hinzurichten,
Zu zehntausenden am Strang.
Amnesty dieser Beweis gelang.

7. Februar:

Auch die Wirtschaft kritisiert Trump nun deutlich,
Selbst der Apple-Boss tat's neulich.
Im Klartext, so Börner, müsse man ihm sagen,
Dass durch ihn alle einen Nachteil haben.
Ein diplomatisch' Wort solle man dabei vermeiden,
Das dringt nicht durch durch seines Hirnes Leiden.

8. Februar:

Rechtschreib- und auch Kommafehler sind wohl gleich
Im Berufungsurteil Nawalny gegen Russlands Riesenreich.
Fünf Jahre auf Bewährung somit bestätigt -
Damit er sich nicht als Kandidat betätigt.
Putin hält sich die Konkurrenz auf diese Weise fern -
Macht er den Job als Landesvater doch so gern!

9. Februar:

Sinnt Piech auf späte Rache?
Er sagte heute aus - dass es nur so krache.
Der VW-Vorstand, und damit Winterkorn und Weil,
Hätte schon '15 im März gewusst
Von Manipulation, jedenfalls zum Teil.
Die beiden zeigten heute Angriffslust
Gegen Piech und dass man über ihn wohl lache.

10. Februar:

Die Gewaltenteilung bleibt bestehen,
Auch wenn's für Trump zu schwer ist, dieses einzusehen.
Die Berufungsrichter einstimmig votierten gegen ihn;
Einreisen darf nun wieder der Muslim.

11. Februar:

Will man den Flüchtling wirklich besser schützen?
Oder hält nur man ihn vom Leib sich fern?
Wem sollen neue Lager in Tunesien nützen?
Oder ist bessere Verteilung des Gedanken Kern?

12. Februar:

Frank-Walter Steinmeier wird neuer Bundespräsident.
Das hat die Wahl heut' so bestimmt.
Mut - das soll sein Motto sein -
Und zwar für alle, nicht für ihn allein.

13. Februar:

Flutgefahr
In California
Durch Staudammbruch?
Im Überlauf
Schäumen Wassermassen mächtig auf.
Verzweiflung herrscht beim Flickversuch.
Solch Meldung gab's bisher in keinem Buch.

14. Februar:

Opel schreibt schon lang Verluste.
Das gereichte der GM zum Fruste.
Jetzt will Peugeot die übernehmen,
Doch wird Opel selbst das überleben?
Keine Heirat wohl aus Liebe -
Eher ökonomisch' Machtgeschiebe.

15. Februar:

Nordkoreas Schweinchen Dick ließ wohl wieder morden.
Diesmal war sein Bruder dran,
Mit Namen Kim Jong Nam.
In Kuala Lumpur ließ er ihn entsorgen.
Zwei Frauen warn mit Giften an dem Mann.

16. Februar:

Menschliches Versagen
Brachte Oberhausen
Heut' zum Grausen.
Die, die Anschlussschläuch' verwechselt haben
Und so HCL mit Schwefelsäure dort vermischten,
Waren selber tief geschockt,
Als die Tanks bald zischten.
Eine giftig' gelbe Wolke hat sich aufgestockt.

17. Februar:

Deutsche Nato-Truppen steh'n im Baltikum.
Das nimmt Putin uns wohl krumm.
Gut, dass es gibt Postfaktikum:
Da schickt man einfach Fake-News rum:
Die Deutschen seien gar zu dumm
Und legten sexuell ein kleines Mädchen um.
Für solche Propagandatat, da braucht es nicht viel Mumm.
Trump und Putin säh' man lieber stumm.

18. Februar:

In München wieder Sicherheitskonferenz
Mit Trump's Stellvertreter Pence
Und mit Putins Lawrow
Und dessen altbekanntem Stoff.
Für den einen ist die Nato obsolet,
Für den andern Kalter Kriegskaffee - und viel zu spät.
Doch auch wegen der Nato leben wir im Frieden,
Was so meist nicht ist bei den Völkern drüben.

19. Februar:

Hat jemand 'nen Ikea-Schrank falsch aufgebaut?
Oder warum Trump jetzt so sorgenvoll nach Schweden schaut?
Airforce One in Florida kurz abgestellt,
Der Präsident gegen des nordisch' Landes Immigranten bellt.
In Schweden wüsst' man gern,
Was nun ist der Pudels Kern?
Die Phantasie ist wohl wieder mal mit Donald durchgegangen.
In ganz Skandinavien gab es nichts, wovor man musste bangen.

20. Februar:

Geht's nach Martin Schulz,
Dann muss die Agenda Zwanzigzehn
Bald gehn.
Das ist nun Inhalt des neuen Kults,
Und so hört man den Kandidaten red'n.
Man holt Stimmen von links schon merklich sich zurück
Und hofft auf neues Wahlenglück.

21. Februar:

"Ein schwarzer Tag für Bausparer",
Titeln die Gazetten.
Doch es ging vorm BGH nur um die Verträge derer,
Die gebaut gar nicht mal hätten,
Sondern nur die Sparerzinsen für sich nutzen.
Nach 10 Jahren dürfen Bausparkassen diese stutzen.

22. Februar:

Ein freundlich' Gesicht wollen wir dem Flüchtling schon noch zeigen,
Doch sind wir doch heimlich froh, wenn er bald wieder von uns geht.
Gesetze täglich neu, die zu immer weit'ren Repressalien neigen,
Machen klar, dass es sich bei uns längst nicht mehr um wahre Menschlichkeiten dreht.

23. Februar:

Für Astronomen wie ein Lottogewinn:
Ein Sternsystem mit 7 erdähnlichen Planeten drin.
Und das quasi in der Nachbarschaft;
In 40 Jahren so ein Lichtstrahl die Entfernung schafft.
Gerade mal entdeckt,
Trapist 1 größtes Interesse weckt.

24. Februar:

Neue Runde in Erdogans Journalistenhatz:
Jetzt gegen Deniz Yücel von der Welt, früher taz,
Seit zwei Wochen inhaftiert.
Dagegen wird derzeit heftig protestiert.
Auslandskorrespondenten sind ihm noch ein Dorn im Auge;
Da nimmt man erstmal einen Deutschtürken unter die Geheimdiensthaube.

25. Februar:

Ein Toter und zwei Schwerverletzte,
Weil ein Deutscher seinen Wagen auf eine Gruppe hetzte.
Amokfahrt in Heidelberg.
Es war ein Deutscher, und kein Terroristenwerk!

26. Februar:

Es ist Tradition von Alters her:
Der Präsident redet beim Dinner
Vor dem Korrespondetenheer.

Doch Trump hat damit heut' gebrochen.
Das hat nach Feigheit arg gerochen.

27. Februar:

Mit Tempo 170 durch Berlin,
Bei Rot über die Tauentzien.
Ein Crash, ein Toter.
Heut' den Schuldigen der Schocker:
Lebenslang wegen Mord für die beiden Raser.
Das trifft sie tief in jeder Faser.
Und hoffentlich die anderen gleich mit,
Damit's vorbei ist mit dem Straßenrennenkick.

28. Februar:

Deniz Yücel muss in U-Haft gehen.
Die kann bei Erdogan wohl lange dauern.
Da kann man selbst die Kanzlerin verärgert sehen;
Wenn sie wieder mal sich wendet gegen diesen Bauern.

März

1. März:

Aschermittwoch -
Das ist der Tag der markig' Reden.
Wahljahr ist dazu auch noch -
Da lässt man gern Konflikte schwelen.

2. März:

In Gaggenau wollt' Minister Bozdag Werbung machen
Für Demokratieabkehr in der Türkei und für Diktatorensachen.
Doch der Bürgermeister hielt dagegen,
Es könne in seiner Stadt nicht die Sicherheiten dafür geben
Und verbot das Treffen.
Erdogan fing gleich an, dagegen anzukläffen.

3. März:

Erdogan
Sollt' sich umbenennen in *Verfolgungswahn*!
Deutsche Magistrate sind für ihn nur Terroristen,
Weil sie verhindern den Auftritt seiner Propagandisten.
Der Mann ist wirklich lächerlich!
Doch leider ist sein Einfluss auch beträchtlich.

4. März:

Sinn Féin gewinnt in Ulster arg an Stimmen,
Tat gegen DUP einiges dazugewinnen.
Es müssen zusammen regieren Protestanten und Katholen,
Damit sich Kriege wie vor dem *Karfreitag* nicht mehr
                                                              wiederholen.
Doch eine Grenze woll'n die Iren nicht auf ihrer Insel,
Wie sie der Brexit dann wohl in die Landschaft pinsel.

5. März:

Einfach mal wieder eine Lüge in die Welt gesetzt?
Mit "Lauschangriff" Trump jetzt gegen Obama hetzt.

Dass etwas unwahr ist, das lässt sich schlecht beweisen.
Doch wir kennen Trump, den ärgsten Lügner in dem Haus, dem
Weißen.
Wer einmal lügt, dem glaubt man nicht,
Sage man dem Manne ins Gesicht.

6. März:

"Es ist nichts mehr da",
Hat Anton Schlecker einst verkünden lassen.
Ab jetzt geht's um die Frage: Was ist wahr?
Unter den Frauenaugen, die ihren früheren Chef so hassen.
Wie viel hat er beiseite noch geschafft,
Wann hat die Pleite er erkannt?
Das Gericht die Fakten jetzt zusammenrafft.
Die Nation ist echt gespannt.

7. März:

Vielleicht ist Erdogans Nazivergleich ja als Kompliment
gedacht?
Während die meisten Moslemstaaten
Noch durchs finstre Mittelalter waten,
Hat die Türkei den Schritt nach 1933 nun schon fast vollbracht
Und uns jetzt damit ein neues Angebot zur Freundschaft macht.

8. März:

Pure Mordeslust in Verbund mit Geltungssucht -
Unfassbar, was Herne hat nun heimgesucht.
Marcel Hesse (19!) in das Darknet stellte,
Wie er in brutalster Kälte
Des Nachbarn kleinen Jungen quälte.
Seit dem Mord nun ist er auf der Flucht.
Die Polizei ihn in ganz Deutschland sucht.

9. März:

Szydlo und Kaczynski toben,
Während alle anderen EU-Chefs Donald Tusk nur loben.
Dagegen, dass man als Ratspräsident ihn wiederwählt,
Hatten sich nur die Populisten aus seinem Heimatland gestellt.

10. März:

Wahlkampf ausländischer Politiker in diesem Land
Kann man verbieten - dies das BVG heute befand.
Auch die Mehrheit sieht das so,
Doch die Regierung entdeckt darin ein Risiko.

11. März:

Während Erdogan bei uns auf Gummiwände prallt,
Sein Ministerstab in den kleinen Niederlanden
Auf betongegoss'ne Mauern knallt.
Dem Außen verbot man gar das Landen,
Die Ministerin für die Befindlichkeit
Erklärte man zur unerwünscht' Gestalt.
Und der Sultan in seiner unermesslich' Albernheit
Hält auch hier den Vergleich mit Nazis schnell bereit.

12. März:

Wenn ein Faschist
Demokraten als Faschisten schmäht,
Dies als böse zu bezeichnen ist,
Und man diesen stoppe, bevor es ist zu spät.
Auch gegen Erdogan
Tritt *Pulse of Europe* auf den Plan.

13. März:

Während in England man den harten Brexit heut' beschloss,
Zeigt sich in Schottland neuer Überdruss.
Sturgeon will ein neues Referendum in die Wege leiten:
Raus aus Britannien - und in der EU verbleiben.

14. März:

Erdowahn vor Medizinern heut' in Ankara
Hetzt weiter gegen Merkel und die Niederlande.
Ist denn kein Psychiater da
In Ankara,
Der ihn endlich steckt in Zwangsgewande?

15. März:

Aufatmen kann man in den Niederlanden:
Geert Wilders ist geschlagen.
Ungewöhnlich viele in die Wahllokale fanden;
Die Polarisierung schlug ganz Europa auf den Magen.
Rechtspopulisten erhielten einen Dämpfer -
Und Erdogan - der half dabei.
In Rutte gewann er seinen Gegenkämpfer -
Doch Rassismus - da ist Holland nicht dabei.

16. März:

Die ihm verhasste Merkel bleibt vom Bann wohl ausgenommen;
Nach der letzten Tage Schneesturm ist in Washington sie
                                                       angekommen.
Auch sonst ist Trumps Muslimenbann 2 Punkt 0 missglückt,
Weil diesmal auf Hawaii ein Gericht den Rechtsstaat wieder
                                                       graderückt.
Der Mächt'ge wieder machtlos schäumt.
War das doch sein biggest Wahlkampfpoint.
Und dann auch noch das Angela-Appoint!

17. März:

Freiheit, Versöhnung, Stärke und Gerechtigkeit;
Die Bundeswehr zum Großen Zapfenstreich bereit.
Freiheit, die ich meine, Über sieben Brücken musst du geh'n -
Da kann man Gauck den Tränen nahe seh'n.
Ein beliebter Präsident scheidet aus dem Amt;
Anerkannt auch der, der sich als Nachfolger nun fand.

18. März:

Aus der Zukunft ins Vergang'ne einst gereist,
Marty McFly ihm spielend seinen eignen Stil vorweist:
Johnny B. Goode.
Chuck Berry, mach's gut!
Die Legende des Rock'n Roll ist tot.
No particular place he's got?
He's got one in our heart!

19. März:

Hundert Prozent: Das gab's noch nie!
Martin Schulz und seine SPD in Euphorie!
Jetzt hat er den Parteivorsitz gewonnen
Und erstrebt die Kanzlerschaft - besonnen.

20. März:

Norwegen ist das glücklichste Land auf dieser Welt,
Hat der neue Glücksreport jetzt festgestellt.
Nicht mal die Dunkelheit im Winter
Die Mienen dort verfinster.
Kaum einer muss sich große Sorgen machen,
Erklärt man im Sozialstaat unter zufried'nem Lachen.

21. März:

Der Frühling hat heut' angefangen,
Doch wärmer ist es kaum geworden.
Stattdessen müssen wir wohl um die Arktis bangen,
Denn auch im Winter ist's zu warm im höchsten Norden.
Dreimal sind warme Stürme bis dort hinauf gekommen,
Sodass im tiefsten Winter Thermometer auf bis 0 Grad
                                        geklommen.

22. März:

In Brüssel gab's Gedenken
Gegen den Terror vor einem Jahr.
In London tat heute wieder einer lenken

Sein Auto in die Menschenschar.
Am Abend Poldi gegen England seinen Abschied nahm.
Das Siegtor dann auch prompt von seinem linken Fuße kam.

23. März:

Deutschland geht es gut und immer besser,
Vertraut man bloß dem BIP als Zustandsmesser.
Doch vererben Reiche ihren Reichtum immer weiter
Und Arme rutschen immer tiefer auf der Leiter.
Mit "Gerechtigkeit" lässt sich wieder prima Wahlkampf machen,
Doch nach der Wahl ist sicher wieder nur den Reichen gutes
                                                              Lachen.

24. März:

Im Senat die Mehrheit,
Ebenso im Repräsentantenhaus,
Aber die sind nicht bereit,
Obama-Care zu schalten aus.
Die Schlappe war für Trump schon riesengroß;
Autorität ist er nun sogar in eig'nen Reihen los.

25. März:

Erst EWG und dann EU;
60 Jahre ist die Gründung her.
Es gibt zwar wenig Gründe zum Juchhu,
Aber man bemüht in Rom sich sehr.
Unterschiedlich schnell
Bewegt man sich ab heute von der Stell'.

26. März:

Das kleinste Flächenbundesland
Heute stark Beachtung fand:
Landtagswahl.
Für Kramp-Karrenbauer wurd's phänomenal -
Für die SPD schon fast fatal.
Von Schultz-Effekt nicht viel zu spüren.
Gestoppt auch die Kleinparteiallüren.

Gewonnen hat die Demokratie,
Denn die Beteiligung war hoch wie lange nie.

27. März:

Als "unerhört" tat man benennen,
Was Diebe in Berlin getan:
Hindernisse einfach einzustemmen,
Um zu machen an die Münz' sich ran.
Die ist hundert Kilo schwer und aus reinem Gold.
Gut vorbereitet muss man sein,
Wenn man sie des nachts durchs Fenster holt.
Das Metall nun selbst ist gar so fein,
Dass es den Nennwert übersteigt;
Der soll 'ne Million kanadisch' Dollar sein,
Doch vervierfacht sich's, wenn man es als Barren dann vertreibt.

28. März:

Erstmals geht für die Welt Gefahr nun aus
Vom neuen Mann im Weißen Haus:
Trump hat heute per Dekret verfügt,
Dass er Kohle wieder weit nach vorne schiebt.
Die Hoffnung hat sich damit sehr betrübt,
Dass es bei dem Klimawandel noch 'ne Wende gibt.
Was Obama mit Vernunft gemacht,
Wird unter Dumm-Trump wieder abgeschafft.

29. März:

"This is an historic moment
From which there can be no turning back.
Britain is leaving the European Union".
Mit ihrem Brief goss May nun in Zement,
Was die knappe Mehrheit letztes Jahr beschlossen hat.
England und Wales machen sich davon;
Und es gärt in Schottland und in Ulster schon.

30. März:

Autos dürfen hier in Zukunft selber fahren.
Millionen Kinder verhungern grad in Südsudan.
Anleger hoch erfreut über aktuell' Gewinn an Barem.
Der Afrikaner Krieg und Dürre geht uns nicht subkutan.
Die Nachricht kommt zwar täglich,
Doch ihre Position an 3 bis 5 ist kläglich.
Mit 22 Stellen auszufüllen eine IBAN
Ist uns dann auch noch viel zu mühsam.
Und Afrika ist ja so weit weg -
Dass die meisten sterben nach hierher auf ihrem Weg.
Und wenn sich doch mal einer bis hierher hat durchgequält?
Dann wird eben AfD gewählt!

31. März:

Erpressung kann's natürlich niemals heißen,
Wenn sich Egomanen eines Tricks befleißen,
Um, sagen wir, in zähem Ringen
Die PKW-Maut, unnütz, durch den Bundesrat zu bringen.
Zustimmung gab's sogleich
Nach Seehofers Nennung des Worts *Finanzausgleich*.

April

1. April:

Vor Protektionismus wird Trump gewarnt.
Eine Überprüfung hat er jetzt angetastet,
Damit man das hohe Defizit enttarnt,
Das die amerikanisch' Wirtschaft arg belastet.
Weltweit Konzerne unter Generalverdacht,
Dass man durch Dumping lange schon die Amis schwächt.
Strafzölle und Verfahren, dass es kracht,
So nur empfindet Trump die Sache als gerecht.

2. April:

Von einer Katastrophe wurde Kolumbien jetzt heimgesucht.
Durch Mocoa wälzte sich der Schlamm.
Den Cambio Climático hat man schon verflucht,
Gegen Rutsch und Wasser half kein Damm.
Noch Tage wird man nach Vermissten suchen,
Hunderte bedeckte man bereits mit Leichentuchen.

3. April:

Während des Diktatorenstelldichein
Schlug in Sankt Petersburg die Bombe ein.
11 Tote und die U-Bahn stark verwüstet,
Noch sich niemand damit hat gebrüstet.
Doch man verdächtigt Islamisten aus Kirgisien,
Darauf deuten zumindest ein paar Spuren hin.

4. April:

Wie qualvoll man an Giftgas stirbt?
Das kann und will man sich nicht erdenken.
Wie einen Menschen eine solche Schuld zermürbt?
Auch darauf mag man die Gedanken nicht mal lenken.
Ein Assad kennt in dieser Hinsicht keine Reue.
Er vergaste seine Landsleut' heut' aufs Neue.
Der Machtverlust bedeutet seinen eignen Tod,
Darum ist maximale Bestialität für ihn nur das Gebot.

5. April:

Die Bundeswehr geht mit der Zeit
Und ist bald auch zum Cyberkrieg bereit.
Ein Heer von Nerds hat sie jetzt in Dienst gestellt,
Damit werde dann das Gros der Angreifer verprellt,
Meint von der Leyen heut' in einer flammend' Rede;
Selbst eignen Angriff man als Verteidigung erstrebe.
Der Tarnanzug der Nerds:
Gebeugte Haltung und T-Shirts.

6. April:

Trumps Haltung zu Assad
Sich nach dem Chemie-Angriff radikal gewendet hat.
Eine UN-Resolution kommt wegen Putins Veto nicht zustande,
Nicht einmal bei einem so offensichtlichen Fall der Schande.
Jetzt ist Trump mittendrin im ernstgemeinten Test:
Hält er auch militärisch an seinen Drohungen noch fest?

7. April:

Nach Nizza. London und Berlin
Nun auch Terrorfahrt inmitten von Stockholm.
Ein gestohl'ner LKW, gelenkt auf Menschen hin.
Wahllos einfach töten ist ein bestialisch' Woll'n.
Der IS, das Land der Vollidioten,
Findet dafür immer wieder die Rekruten.

8. April:

Lauthals tönt Protest von Moskau her
Ob Trumps Angriff auf die Basis nahe Homs.
Doch untersagte Putin wohl die Raketenwehr.
Das hat vermutlich seinen Preis -
Bei der Krim vielleicht oder wo sonst?
Über sein Motiv man nichts Genaues weiß.

9. April:

Für die Türken hier in unserm Land
Das Referendum heut' sein Ende fand.
Die Urnen werden jetzt nach Ankara geflogen,
Wo dann bald entschieden wird, ob Erdogan darf ganz nach
oben.

10. April:

Säbelrasseln oder Strategie?
Bei Trump weiß man's eben nie.
Syrien fällt wohl eher unter "impulsiv";
Aber auch in Sachen Nordkorea wird er nun aktiv.
Ein schwimmend' Flughafen dahin ist unterwegs.
Schweinchen Dick geht Trump wohl auf den Keks.

11. April:

Die Zahl der Todesurteile nimmt global zu;
Die Zahl der offiziellen Vollstreckungen nimmt ab.
Lasst uns kämpfen für ein weltweites Tabu!
Hohe Dunkelziffern bringen viel mehr Menschen noch ins Grab.
Was kann man tun gegen die, die noch hinrichten?
Man kann auf Reisen in diese Länder generell verzichten!

Was die Deutschen heut' viel mehr hat wohl erschüttert,
Ist, dass der BVB-Bus durch Bomben wurde attackiert,
Als zur Champions League die Mannschaft ward chauffiert.
Terror überall, stellt man fest, erbittert.

12. April:

Verwirrung gibt es um die 3 Dortmunder Bekennerschreiben.
Unsicher bleibt, ob die Verbrecher ihr Geschäft für den Daesh
betreiben.
Beispiellos ist indes, dass herrscht nicht Rivalität,
Sondern große Solidarität
Unter den Fußballfans der beiden Städte.
Man bot Übernachtungen und Freundschaft an;
Etwas, das es ohne diese Tat wohl nicht gegeben hätte.

Das Spiel ging zwar für den BVB verloren dann,
Doch es verloren auch die Täter ihre Terrorwette.

13. April:

"Moab"
Warf Trump ab.
Mother of all Bombs genannt
Auf Leute in Afghanistan und in IS-Gewand.
35 oder mehr hat sie wohl umgebracht
In geheimen Tunneln und jetzt ew'ger Nacht.

14. April:

Für *Midazolam* läuft das *best before*...Datum bald ab.
Drum wollt' man schicken 7 Mann noch schnell ins Grab.
Es macht die Delinquenten vor letalem Gifte müd und lahm
Und wegen Boykott kriegt man keinen Nachschub ran.
Perversion auf neuem Höhepunkt in Arkansas;
Der Reihenexekution war man somit schon ziemlich nah.

15. April:

Schweinchen Dick fängt wieder an zu droh'n.
Überschüttet den Rest der Welt mit Hohn.
Niemand würd' überleben auf der Erden
Wenn Nordkoreaner angegriffen werden.
Atomraketen seien zum Abschuss schon bereit,
Wenn irgend jemand riskiere mit Kim Jong Un 'nen Streit.
Heut' ist höchster Feiertag im Land,
Weil Opa Kim vor zehneinhalb Dekaden wohl ins Leben fand.

16. April:

Erdogans Machtergreifung scheint gedeckt.
Mit knapper Mehrheit ist die Diktatur perfekt.
So scheint es wohl zu sein;
Und wenn es tatsächlich so nicht wär' -
Akzeptiert hätte er ganz sicher auch kein Nein -
Dann käm ein neuer Ausnahmsfall daher.

17. April:

Sogar das ISS muss manchmal manövrieren,
Um Schrott im Weltall auszuweichen.
So manches tat der Mensch da oben schon verlieren,
Was gefährlich wird, auch wenn es sind nur kleine Teilchen.

18. April:

Neuwahlen im Britenland
Gab Theresa May für Anfang Juni nun bekannt.
Warum nicht schon im Mai?
Dann wäre Werbung für sie im Datum schon dabei.

19. April:

Frauke Petry will nicht Spitze sein,
Titeln heut' die Medien.
Keine Angst - für mich wird sie immer nur das Allerletzte
                                                                            bleib'n -
Das braungestrickte Mädchen.

20. April:

Wieder Terror in Paris.
Zwei Polizisten kamen um.
Der Täter ebenfalls sein Leben ließ.
Über die Hintergründe bleibt es erstmal stumm.
Doch ist Zusammenhang zur Wahl nicht abzuweisen.
Um mögliche weitere Aktionen Gerüchte kreisen.

21. April:

Das Verbrechen erfährt eine neue Dimension.
Wir erinnern uns an Dortmund und am Bus die Explosion.
Der Attentäter wurde heute festgenommen.
Er hat auf einen Kurseinfall der Aktie gewettet,
Wenn Spieler des BVB ums Leben kommen.
Bleibt zu hoffen, dass ihn nun nichts vor Lebenslänglich rettet.

22. April:

Die AfD lädt zum Parteitag ein.
In Köln geht's um die Spitzenposition.
Doch sagt sie schon heut' zu Koalitionen Nein;
Das Ziel ist im Bundestag Opposition.
Es gab massenweise laut' Proteste;
Das ist bei dem Ereignis auch das allerbeste.

23. April:

Endgültig entscheidet Frankreich jetzt am 7. Mai.
Zwar sind nur noch Macron und Marine Le Pen dabei,
Doch können wir mit Zuversicht erwarten,
Dass die Wähler, die sich hinter den heute Abgewählten
                                                       scharten,
Sich nun auf die Seite des Europafreundes stellen
Und nicht votier'n für die Demokratierebellen.

24. April:

Herr Horst Seehofer gibt bekannt:
Er bleibt Kandidat im Bayernland!
Den Rückzug will er vergessen machen;
Nur *er* ist schließlich fähig, über dieses Volk zu wachen.
Den Söder will er nicht zu seinem Erbe rufen.
Lieber zu Guttenberg langsam wieder höher stufen.

25. April:

Sollte Gabriel von Netanyahu sich erpressen lassen?
Menschenrechtler hat er heut' getroffen,
Die berichten über israelisch' Greueltaten ziemlich offen
Und die der populistisch' Benjamin tut hassen.
Bei seiner Erklärung sichtlich eingeschnappt,
Hat er das Treffen nun mit Gabriel gekappt.

26. April:

Jetzt ist Trump
Bald hundert Tag' im Amt.
Das meiste ging bisher daneben;
Nun ruft er seine Tax-Reform ins Leben:
Die Steuern soll'n für alle drastisch runter;
Zur Finanzierung hilft da nur ein Wunder.

27. April:

Einen BW-Soldat mit Doppelleben
Soll es in der deutsch-französischen Brigade geben.
Asylantrag hatte er in Bayern wohl gestellt
Und gemacht, dass man ihn für 'nen Syrer hält.
Mit Waffe dann in Österreich erwischt.
Terrorverdacht bis heute nicht erlischt.
Drum wurde er in Haft genommen.
Anschlagspläne hoffentlich damit zerronnen.

28. April:

Wieder gab's in der Türkei eine Verhaftungswelle,
Dennoch wird sich die EU nicht eins.
Zwar treten die Verhandlungen noch auf der Stelle,
Doch ein Ausschlusspapier gibt es wohl weiter keins.
Laut Kurz überschritt Erdogan mehrfach schon die rote
                                                        Schwelle.

29. April:

Zum Hundertsten stellt sich Trump nun selbst das Zeugnis aus:
War alles superprima, was er aussandt aus dem Weißen Haus.
Richter Gorsuch, Handelsrückzug, saub're Kohle
Sind's, woraus er sich die eigne Anerkennung hole.
Nur die Journalisten, die sind alle doof,
Wenn sie melden, Trump sei selbst die Katastroph'.

30. April:

Thomas de Maizière kann es nicht lassen:
Wieder drängt er drauf, einen populistischen Beschluss zu
                                                                         fassen,
Uns eine Leitkultur bald aufzudrängen.
Natürlich liegt dabei die Religion wieder auf den vor'dren
                                                                          Rängen.
Die naive christlich' Glauberei
Ist als Hintergrund bei allen seinen Punkten stets dabei.

Mai

1. Mai:

Von der Leyen musste reagieren
Ob Rechtsextremismus und Gewalt im Heer.
Doch in diesem Amt, egal wie man versucht hier zu parieren,
Irgendwer kommt immer mit Kritik daher.
Jetzt gerät sie unter starken Druck,
Denn sie schlug mit einem off'nen Brief zuruck.

2. Mai:

Zwei Jahre gab es keinen direkten Kontakt,
Jetzt hat die Kanzlerin es wieder angepackt
Und ist nach Sotschi zu Putin geflogen,
Wenngleich dieser sie schon mehrmals hatte angelogen.
Trotz Minsk gehen im Donbas die Kämpfe weiter,
Über Syrien nicht gerad' gesprächsbereiter,
Gestaltet Putin dieses Treffen nicht wirklich heiter.
Doch Merkel hat zu G 20 zu sich eingeladen
Und will den Kremlchef dann auch wieder bei sich haben.

3. Mai:

Journalismus ist kein Verbrechen!
Dennoch sitzen viele heut' weltweit in Haft.
Am Tag der Pressefreiheit muss man am meisten über Erdogans
                                              Türkei doch sprechen,
Wo Demokratie und Freiheit verloren ihre ganze Kraft.
Aber, wie ist es eigentlich bei uns bestellt,
In der immer noch recht freien Welt?
Zeitungen zu Medienkonzernen sich zusammendrängen
Und die Meinungsvielfalt selber immer mehr verengen.

4. Mai:

Pharmakonzerne woll'n im Ausland billig produzieren,
Doch können sie dabei schnell auch mal den Überblick
                                                      verlieren.
Im indischen Hyderabad

Findet oft die Bildung von multiresistenten Keimen statt.
Die Hygiene im Umfeld der Fabriken
Ließ man wohl in der Vergangenheit des Öfteren links liegen.
Gelangen sie zu uns ins Krankenhaus,
Dann fallen diese Antibiotika in ihrer Wirkung aus.

5. Mai:

Franco A.s Flüchtlingsstatus hat nun Konsequenzen:
Man überprüft 2000 Anerkannte auf ähnliche Tendenzen.
Nach ihren Bundeswehrkritiken
Steht auch von der Leyen heftig unter Drücken.
Es gibt mehrere Kasernen, die sich mit Wehrmachtszeichen
                                                                                 schmücken.

6. Mai:

Frankreichs Wahlkampf war schon fast beendet,
Als ein Hackerangriff sich gegen den Favoriten wendet.
Macron sollte offensichtlich wohl das Opfer sein,
Als jemand streute Gigabytes von teils gefälschten E-Mails ein.
Noch vor Mitternacht versuchte auszunutzen das ein
                                                                                Populistenschwein.

7. Mai:

Macron wird Präsident - en Marche!
Marine Le Pen - zum Glück - am Arsch!
Diesmal hatten die Umfragen recht -
Für Schleswig-Holstein war'n sie dagegen eher schlecht:
Günther überholte Albig auf der Zielgeraden -
Dort will man jetzt doch andre Koalitionäre haben.

8. Mai:

Der Schulz-Effekt ist wohl schon dahin.
Der erwartet' Sieg in Schleswig Holstein war nicht drin.
Jetzt ringt die CDU um Koalitionen.
Kubicki will, die Grünen nur in engsten Zonen.
Die Ampel wäre ihnen Favorit,
Die die FDP jedoch nun mal nicht gerne sieht.

9. Mai:

Türkische Soldaten erhalten hier Asyl.
Ein türkisch' Referendum wird es hier nicht geben,
Dessen Einführung der Todesstrafe hätte dann zum Ziel.
Mit diesem Schlusswort muss Erdogan nun leben,
Ist ihm Europas Gegenwind auch längst schon viel zu viel.

10. Mai:

FBI-Chef Comie wurd' von Trump gefeuert.
Er habe einen schlechten Job gemacht.
Dabei hatte der ihn gegen Clinton extra angeheuert -
Doch jetzt ist Trump wohl selber in Verdacht -
Comie kam ihm vielleicht zu nah, in Anbetracht,
Dass Trump zu Russland seine Unschuld zu auffällig beteuert.

11. Mai:

Die Steuern sprudeln wohl noch jahrelang,
Denn schon mittlere Einkommen sind am Spitzensteuersatze
                                                         dran.
Das findet Schäuble plötzlich recht absurd.
Moment! - Wem verdankt man denn wohl die Geburt?
Hat Meister Yoda die Legislative nicht mehr in der Hand
Oder leidet unter zu viel Geld der schwäbische Verstand?

12. Mai:

Alle steh'n zu Macron Emmanuelle.
Der braucht deutsche Unterstützung, und zwar ziemlich schnell.
Schon sinniert Schäuble über 'nen EU-Finanzminister
Und auch Gabriel zieht Europafreundliches aus dem Register.
Hoffentlich bleibt beides nicht nur Wahlkampfes Geflüster.
Am End' könnt drohen wieder Marine Le Pens Gebell.

13. Mai:

Des Jahres schlimmster Fernsehabend ist passée:
Überstanden ist der ESC.
Schon gleich war mir klar doch, ich gesteh' -

Nach dem schrecklich' portugiesisch' Geheulé,
Dass so etwas da am Ende ganz weit oben steh'.
Ich bin wohl doch ein Kunstbanausé.

14. Mai:

In NRW waren heute Landtagswahlen.
Ins Herz getroffen ist die SPD.
Der CDU die Wähler den Regierungsauftrag jetzt empfahlen;
Und das ginge auch wohl mit der FDP.

15. Mai:

Gespannt war am Morgen manche Firma, mancher Mann,
Ob er seinen Rechner heute starten kann.
WannaCry geht in der ganzen Welt herum
Und schaltet viele Datenträger stumm.
Erst, wer reichlich' Bitcoins zahlt,
Den Erlösercode vielleicht erhalt'.
Betroffen: Konzerne, Telefónica und Deutsche Bahn.
Die Lücke war dem NSA bekannt, dennoch viele ungesichert
war'n.

16. Mai:

Trumps Dementierminister gibt bekannt:
Der Präsident hat sich an Comey nicht gewandt,
Um Ermittlungen im Russlandfalle einzustellen;
Das kann er seiner Oma vielleicht glaubhaft noch vertellen.
Außerdem habe er an Lavrov nichts verraten,
Was so geheim war, dass man's nicht mal erzählt befreundet'
Staaten.
Nun gut - Trump plappert, als wär' er noch im Kindergarten.

17. Mai:

Die EU Kommission stellt ihr Verfahren ein;
Die deutsche Maut diskriminiere niemand mehr.
Hierzulande müssen dazu Verfassungsänderungen sein;
Ein neuer Länderfinanzausgleich muss für die Maut nun her.
Eine Privatisierung sei, laut SPD, damit vom Tisch.

Ein letzter Akt im Groko- und Parteigemisch.

18. Mai:

Referendum, Nazivergleiche und Yücel,
Drohungen, Besuchsverbot und Incirlik.
Die deutsch-türkische Spirale dreht sich ziemlich schnell;
Erdogan lässt einen Scherbenhaufen nur zurück.
Die Bundeswehr sucht nach Alternativen -
Will die Suche jetzt in Jordanien vertiefen.

19. Mai:

Schweden stellt sein Verfahren ein
Gegen Julian Assange.
Doch kann der WikiLeaks-Mann jetzt ein freier sein?
Nein, denn auch England fordert noch Revanche.
Meldeauflagen habe er nicht eingehalten,
Drum wird auch weiterhin belagert er von Scotland-Yard-
                                                                Gestalten.

20. Mai:

Wenn Deutschlands Träger der allerdicksten Kreuze,
Marx und Bedfort-Strom,
Fürs Kanzleramt die einz'gen Kandidaten wären,
Man sich vor Gram doch wohl laut nur schnäuze,
Dann genügte das für die Demokratie nicht mal als Symptom.
Im Iran lässt man so etwas viel schlimmer noch gewähren.
Rouhani gewann die heut'ge Wahl
Als jener, der vermeintlich nur darstellt die gering're Qual.

21. Mai:

Trump mimt den Staatsmann in Riad.
Massenweise Waffen will er liefern.
Einseitig gegen den Iran er sich gewendet hat;
All das hören die Scheichs natürlich gern.
Gegen Terrorismus verwende brav man dieses Zeug -
Zu halten Oppositionelle damit von sich fern,
Haben sie sich doch noch nie gescheut.

22. Mai:

Ariana Grande -
Teenykonzert in Manchester.
Eine Explosion am Ende -
Und 22 Tote.
Mancher verlor ein Kind, einen Bruder, eine Schwester.
War es wieder mal ein islamistisch' Todesbote?
Genaues weiß man jetzt noch nicht.
Doch wie Terror behandelt' wird erstmal die Geschicht'.

23. Mai:

Daesh hat sich zu Manchester bekannt;
Ein 22-Jähriger wurd' als Täter auch benannt.
Die Gewalt und, mehr noch, Angst soll die Gesellschaft spalten.
Beeindruckend ist, wie die Bürger in Manchester united nun
                                          dagegenhalten.

24. Mai:

Der Lügner besucht den Märchenonkel.
Was will Trump denn nur beim Papst?
Melania sogar verschleiert und mit schwarzem Sprenkel,
Kommen beide freudlos angetapst.
Franziskus mahnt ihn das zu tun, was er nicht will.
War doch zu erwarten. Trump hat weiter keinen Stil.

25. Mai:

Merkel erst entspannt mit Obama in Berlin,
Danach in Brüssel ganz verspannt
Beim Treffen der Regierungschefs vom NATO-Land.
Der Grund ist Miesepeter Trump,
Der den "Freunden" hält seine Mahnung hin.

26. Mai:

Von Brüssel geht es nach Sizilien weiter.
Auch bei G7 ist die Stimmung gar nicht heiter.
Wo früher Gladiatoren kämpften,

Regierungschefs Erwartungen nun dämpften.
Im Laden wieder Trump als Elefant
Porzellanzerstörend Worte fand.

27. Mai:

Während sein erster Auslandsweg
Ziemlich unrühmlich zu Ende geht -
Bei einer rüpelhaften Rempelei
Hat er seine schlechte Kinderstube deutlich wieder preisgegeben
- Ist aus der Heimat neuer Ärger wohl hervorzuheben;
Trumps Schwiegersohn steht im Fadenkreuz des FBI.
Vier wicht'ge Jahre geh'n der Welt mit ihm verloren -
Hoffentlich wird danach Vernunft schnell wieder neu geboren.

28. Mai:

Im bayerisch' Bierzelt kann man's mal riskieren,
Trump öffentlich und deutlich zu brüskieren:
Die Zeiten der Verlässlichkeit, die sei'n vorbei!
Europa braucht mehr Einigkeit statt Streiterei.

29. Mai:

Macron begibt sich auf dünnes Eis -
Schon Obama ist darin eingebrochen.
Gäbe es für Giftgas in Syrien erneut Beweis,
Würde für französische Soldaten der Marschbefehl wohl
                                                              ausgesprochen.
Putin war zu Gesprächen in Versailles -
Macron will auf Menschen- und auf Völkerrechte pochen.
Doch davon hält Putin einen ...,
Wie man weiß.

30. Mai:

Meck-Pomm-Chef Sellering tritt zurück.
Lymphdrüsenkrebs ist der trift'ge Grund.
Jetzt werden SPD-Leut' hochgelobt ein Stück.
Schwesig an der Spitze im Rotierungsbund,
Barley dann für Schwesig ins Ministeramt

Und Hubertus Heil seinen alten Posten wiederfand.

31. Mai:

Ein Abschiebeflug nach Kabul wurd' gestoppt,
Denn der Anschlag dort war fürchterlich.
Auch die deutsche Botschaft traf er ganz abrupt,
Sicher ist Afghanistan ganz sicher nicht.

__Juni__

1. Juni:

Trumps borniertes Ego hat sich wieder durchgesetzt -
Es kündigt den Klimavertrag heut' von Paris.
Die ganze Welt hat er gegen sich damit nun wieder aufgehetzt -
Ob das 2-Grad-Ziel immer noch zu halten is'?
Indien, China und Europa rücken näher jetzt zusammen schon -
Amerika drängt sich selber immer tiefer in die Global-Isolation.

2. Juni:

Eine Großveranstaltung kann jetzt jeder stoppen.
Heute traf es den bekannten Rock am Ring.
Man weiß noch nicht, ob jemand wollt' die Masse foppen,
Doch einiges wies wohl auf einen geplanten Anschlag hin.
Die Besucher zogen diszipliniert von dannen.
Man hofft, dass mit dem Konzert wird morgen nochmal
                                              angefangen.

3. Juni:

Schon wieder Terror in der London-Town.
Islamisten überfahren und erstechen Männer, Kinder, Frauen.
Diesmal auf und um die London Bridge herum.
Gegen Schreckenstaten hilft kein Immunserum.

4. Juni:

Katar steht plötzlich isoliert.
Saudis, Ägypter und Emirat
Wenden sich gegen diesen winz'gen Erdölstaat.
Weil er wohl Terroristen fördert und auch finanziert

5. Juni:

Gabriel war in Ankara und wollte Wogen glätten -
Um Incirlik ein allerletztes Streben.
Doch mit Erdogan wird es wohl keinen Frieden geben.
So gibt es einen Umzug bald an jordanisch' Fliegerstätten.

6. Juni:

Daesh ist nun auch in Rakka unter Druck,
So trägt man weit hinaus den Terrorspuk,
Jedoch mit stark beschränkten Mitteln
Und mit Leuten, die bisher war'n auf keines Dienstes Zetteln.
In Paris ging einer mit 'nem Hammer auf die Polizisten los;
Ihn wehrte ab eines raschen Schusses Stoß.
Oh, ging's doch endlich mal in eure dummen Schädel rein,
Dass nach dem irdisch' Leben nichts Andres als das Nichts wird
                                                                                                              sein
Und nicht eine einz'ge Jungfrau wird sich lassen mit euch ein!

7. Juni:

Ein IS-Anschlag nun auch in Teheran.
Tote am Mausoleum und im Parlament.
Sunniten greifen die Schiiten an.
Wieder größer die Region, wo's brennt.
Rache hat man bereits geschworen,
Generationen neuen Hasses frisch geboren.

8. Juni:

Theresa May hat sich verpokert -
Nicht *mehr* Sitze hat sie durch die Wahl erobert,
Sondern die Mehrheit überhaupt verloren.
Dabei steht der Brexit-Poker vor der Tür.
Auch mit ihr werde Britannien dabei wohl geschoren,
So fürchtet man, steht am End' auf dem Papier.

9. Juni:

Nach Comey's Aussagen gegen Trump von gestern,
Benimmt sich der Twitter-Präsident wie in einem Western:
Will den Ex-FBI-Mann jetzt verklagen
Und selber unter Eid gegen diesen nun aussagen.
Achtung Donald, dass du nicht rot wirst im Gesicht!
Wer einmal lügt, dem glaubt man nicht!
Dein Twitter-Feuer hat nicht viel Gewicht.

10. Juni:

Rot-rot-grün als realistische Option
In Berlin für eine Koalition?
Die Linke macht sich daraus eher wohl davon.
Wagenknecht mahnt zur klaren linken Position -
Ohne Chance auf diese Ziele bleibt man wohl besser in der
                                                    Opposition.

11. Juni:

Präsident Emmanuele Macron
Macht sich mit "En Marche" auf und davon!
Bei der Wahl von heute
Gewinnt er die absolute Mehrheit für seine Leute.
Die Stichwahl wird's am Sonntag zeigen
Und sehr viele Etablierte aus dem Parlament vertreiben.

12. Juni:

Russland feiert seine Freiheit von der SU.
Doch ist es in den 27 Jahren frei wohl kaum gewesen.
Alexej Nawalny rief zu Protesten auf, und Tausende, die hörten
                                                      zu.
Im Parlament sitzt nur, wer von Putin handverlesen,
Drum ist Korruption der Kitt für dieses Staatenwesen.
Die gestrige Verhaftungswelle gehört schon fast dazu.

13. Juni:

Die Polen, Ungarn und die Tschechen
Müssen bald mit einem Verfahren rechnen,
Weil sie ihre Flüchtlingsquoten nicht erfüllen
Und ihren Fremdenhass auch kaum verhüllen.
Die Quoten sind schon lächerlich gering;
Europas Solidarität ist dank ihnen nachhaltig dahin.

14. Juni:

An Nine-Eleven hat heut' stark erinnert,
Was in London jetzt geschah:

Ein Wohnturm wie gigantisch' Fackel flimmert.
Was geschah, geht jedem nah.

15. Juni:

Wer reist, der wird sich freuen,
Denn Telefonate muss länger er nicht mehr bereuen.
Die EU hat seit heute Roaming-Gelder abgeschafft -
Doch nicht alle - hie und dort noch eine Lücke klafft.

16. Juni:

Helmut Kohl ist tot.
Ganztags Lobeshymnen gab's zu hören und zu lesen.
Sicher ist's zum Anlass höfliches Gebot.
Jedoch - *mein* Freund ist er nie gewesen.

17. Juni:

Bei den Grünen ist Parteitag heute,
Aufs Programm werden eingeschworen ihre Spitzenleute.
Kohleausstieg, E-Autos, gesunde Landwirtschaft,
Darin sieht die Partei nun wieder ihre Kraft.

18. Juni:

Schlimm ist, was in Portugal geschieht:
Riesig ist das brennende Gebiet.
Viele wollten auf der Straße fliehen;
Da tat das Inferno genau dorthin sich ziehen.
Es gab keine Rettung aus der Not -
Mehr als 60 Menschen tot.

19. Juni:

Otto Warmbier ist verstorben.
Als Folteropfer von Koreas Norden.
Schweinchen Dick
Hat den Bogen wieder überspannt;
Er breche bald sich das Genick;
Hat hoffnungslos verdorben jenes Land.

20. Juni:

Explosion in Brüssel im Gare Central.
Soldaten erschießen einen Mann,
Bevor er Schlimmeres kann richten an.
So wurd' der Anschlag nur für ihn letal.

21. Juni:

Vor zwei Jahren sind 71 Flüchtlinge erstickt,
In einem Kühllaster, in Österreich hat man sie entdeckt.
Heute begann gegen die vier Schlepper der Prozess
In Ungarn wegen besonders grausamen Mordes.

22. Juni:

Der Himmel war heut' schwarz im ganzen Land.
Tief *Paul* brachte Wasser, Hagel, Blitz und Tod.
Waren vorher Pflanzen in der Hitz' verbrannt,
Herrscht nun unter Sturm und Wasser manche Not.

23. Juni:

Das Uganda des Idi Amin ist längst vorbei.
Heute herrscht dort weit mehr Menschlichkeit als Barbarei.
Flüchtlingsmassen aus Südsudan
Kommen täglich in dem armen Lande an.
Man versorgt sie, so gut es eben geht,
Integriert die Menschen, schenkt ihnen Land.
Der Staaat braucht selber Hilfe, auch wenn er darum nicht fleht.
Einmal mehr deckt dies auf - Europas Flüchtlingsschand'.

24. Juni:

Ein Dorf verschwand plötzlich mitten in der Nacht.
Ein Erdrutsch war es, durch tagelangen Regen angefacht.
Es geschah in China, in der Südwestregion von Sichuan.
Nur drei entkamen, denn ihr Baby fing des Nachts zu schreien
                                                                                  an.

25. Juni:

Die SPD versucht, sich zu profilieren,
Denn es wird schwierig, gegen Merkel zu marschieren.
Schulz wirft der Kanzlerin nun vor,
Sie bekämpfe uns're Demokratie.
Die Delegierten stimmten ein im Chor;
Doch ist's kaum Wahrheit, sondern fast verzweifelt'
                                   Wahlkampfstrategie.

26. Juni:

Der Supreme Court hat Trump zum Teil jetzt Recht gegeben:
Limitiert gilt Einreiseverbot für Länder, wo Muslime leben.
Populismus gewinnt so langsam wohl die Oberhand
Im Land,
Wo einst die Freiheit ganz weit oben stand.

27. Juni:

Die Ehe für alle -
Kommt sie nun doch noch ziemlich schnell?
Merkel öffnet für diesen Falle
Den Gewissensentscheid von bisher starrer Stell'.
Wieder nimmt sie den andern den Wind aus dem Segel
Und lockert darum die Abstimmungsregel.

28. Juni:

Gegen G 20 wird es heftige Proteste geben.
Die Gegner fordern längst ein Camp im Park.
Hamburg wollte ein Verbot erstreben,
Das Versammlungsrecht beurteilt das BVG jedoch als stark.

29. Juni:

Erdogan will hier wieder reden,
Zu seinen Leuten nach dem Gipfeltreffen.
Den Antrag tat man sich deutlich hier verbeten.
Dem Diktator musst' man endlich mal die Segel reffen!
Wer andre ständig nur beschimpft,

Dem gehört mit Recht ein Veto eingeimpft.

30. Juni:

Die Ehe für alle ist jetzt endlich da, denn
Von Merkels Gnaden
Durften Parlamentarier so nun stimmen,
Wofür wir sie in die Parlamente bringen:
Wie es das Gewissen ihnen rein empfiehlt
Und nicht, wie der Fraktionszwang es befiehlt.

Juli

1. Juli:

Hierzulande kühl und voller Nässe,
Erzählt von griechisch' Hitzewelle nun die Presse.
Unvorstellbar heiß die Luftströmung aus Afrika.
Die Menschen leiden heftig ebenda.
Und im übrigen Europaland?
Endlose Berichte, wie Kohl die letzte Ruhe fand.

2. Juli:

Fast ausgeglichen war das Spiel -
Der Sieg im Confed-Cup das Ziel.
Deutschland musste gegen Chile ran;
Das Finale es am Ende glücklich doch gewann.

3. Juli:

Bei Münchberg endete die Fahrt im Drama -
Ein Reisebus geriet in Brand.
Manches Kind
Verlor Großpapa und Großmama
Weil sie auf dem Weg zum Gardasee verstorben sind.
Schwer zu fassen für den Verstand.

4. Juli:

Nicht nur die Gewaltenteilung ist in Polen in Gefahr,
Sondern auch noch das, was die ganze Welt fand wunderbar:
Der Bialowieza-Urwald, Welterbe der Kultur,
Ist für PiS zum Roden und Verhökern nur.

5. Juli:

"Lieber tanz ich
Als G 20"
Ist ein Motto des friedlichen Protest.
Doch in Hamburg setzt auch andres Volk sich fest.
Allerorten Sperren und die Polizei;

Kein noch so unbescholt'ner Bürger fühlt sich länger frei.

6. Juli:

Die Unruhestifter sind schon da -
Zum einen Trump und Erdogan -
Zum andren die Chaoten, und nicht nur auf der Reeperbahn.
Es wird nicht lang gefackelt -
Die Gewalt ist nah.
Die Polizei ist dicht gestaffelt
Und macht kein lang's Trara.

7. Juli:

G 20 - erster Tag
Thema: Handel, Klimaschutz.
Trump macht, was er am liebsten mag:
Eigenlob und Präsentation des blondgefärbten Putz'.
Freude schöner Götterfunken?
Proteste und Gewalt gab's von ganz unten.
Trump und Putin - erstes Treffen -
Besser, als sich kriegerisch nur anzukläffen!

8. Juli:

Ergebnisse werden wohl kaum in Erinnerungen bleiben,
Viel eher der Chaoten Straßentreiben:
Die Politik hat geredet, den Status quo bewahrt,
Ging deutsch-gut organisiert auch an den Start.
Doch bleibt die Erinnerung an Hamburg mit fast schon
                                          Bürgerkrieg gepaart.
Zum Glück hat die Stadt außer den Idioten
In großer bunter Mehrheit kritische Demokraten aufgeboten.

9. Juli:

Kilicdaroglu beendet seinen Marschprotest,
Weil aus Ankara in Istanbul er angekommen ist.
Adalet - Gerechtigkeit - will er entschlossen,
Tausende haben sich ihm angeschlossen.
Vor einer Million hielt er die Ankunftsrede.

Statt *Adalet* sieht Erdogan nur off'ne Fede.

10. Juli:

Mossul ist zurückerobert.
Das gab Premier Al Abadi heut' bekannt.
Zwar ist die Stadt nach Feinden noch nicht vollständig
                                        durchstöbert,
Doch ist bereits perfekt der Sieg fürs ganze Land.

11. Juli:

Gab es nun Belastendes gegen Clinton aus dem Putinland?
Der sagte Nein neulich, als bei uns der Gipfel noch stattfand.
Jetzt gibt's in dem fast ew'gen Streit
Neue Nahrung; man ist's schon langsam leid.

12. Juli:

Wir erinnern uns an den Münzraub Anfang März -
Das kanadisch' 1 Millionen Dollar Stück.
Kurz vor April hielt man's fast schon für 'nen Scherz,
Doch steigt die Chance, man kriegt's zurück.
In Berlin wurden die Täter jetzo festgenommen.
Man hofft, das Gold ist noch nicht ganz zerronnen.

13. Juli:

Wen kann es noch verwundern,
Dass auch Daimler in den Dieselskandal nun ist verstrickt?
Kontrolleure tat's ermuntern,
Zu prüfen, ob nur VW allein so tickt.
Des Eisbergs Spitze hatte man grad erst entdeckt.
Der wahre Umfang - der erschreckt.

14. Juli:

In Ägypten Ferien zu machen
Gehört erneut nicht zu den sich'ren Sachen:
Der Täter schwamm
Von einem öffentlichen Strand heran

Und stach wahllos dann auf Frauen ein.
Zwei Tote sollen nun aus Niedersachsen sein.

15. Juli:

Eine Billion Tonnen Eis hat sich jetzt abgelöst
Vom Schelfeis der Antarktis.
Sowas passiert nur, wenn die Welt auf Klimawandel stößt.
Will man's noch leugnen - Erwärmung längst in Fahrt is'.

16. Juli:

Nach einem Anschlag
War der Zugang zu al Aqsa tagelang gesperrt.
Nach muslimischem Protesttag
Hat der an den jüdisch' Nerven wohl gezehrt.
Der Tempelberg ist wieder offen;
Detektoren lassen neue Sicherheit erhoffen?

17. Juli:

Schorndorf im Ländle ist normalerweise ein Idyll.
Auch das jährlich Stadtfest läuft sonst nur im Frieden ab.
Doch nicht, wenn ein unbekannter Mob das will.
Überrascht und überfordert der Polizistenstab.

18. Juli:

Despot Erdogan hat wieder zugeschlagen -
Deutsche Menschenrechtler festgesetzt.
Deutsch-Türkische Verhältnisse schon lange nicht zum Besten
                                                                                        lagen -
Doch jetzt ist die Kanzlerin entsetzt.

19. Juli:

Massenproteste auf Warschaus Straßen,
Tumulte gar im Parlament.
Auch die EU will die polnisch' "Rechtsreform" nicht gelten
                                                                                         lassen,

Droht mit Stimmentzug, wenn Ihr PIS-Leut' sie nicht
                                                        zurückenehmt!

20. Juli:

Prinz William gegen seine Kate
In Heidelberg und auf dem Neckar
Die Ruderprüfung knapp besteht.
Sie ihre Mannen spornte mächtig an zwar,
Doch reicht es nicht, obwohl sie doch der schön're Steuermann
                                                                          war.

21. Juli:

Selbstanzeige von VW und Daimler Benz:
Entwicklung lief in unerlaubt' Konsens.
Ein Kartell hatten deutsche Autobauer wohl gegründet,
Das unter anderem Dieselabgas und auch Harnstofftanks
                                                                           einbindet.
Jetzt will man Strafe vor Entdeckung schnell vermeiden
Und hofft, dass nur die andern drunter leiden.

22. Juli:

Trump weiht ein neues Kriegsschiff ein;
Da kann er mal richtig glücklich sein.
Flugzeugträger *Gerald Ford*.
Mit dem Heli schwebte Trump an Bord.
13 Milliarden Dollar liegen da im Port.

23. Juli:

Erneut steht VW unter Skandalverdacht:
In Brasilien unterstützte es die Terrormacht.
In seinen Werken spionierte es die Belegschaft aus
Und lieferte Verdächtige den Mächt'gen aus.

24. Juli:

Polens Präsident legt Veto ein -
Duda, Duda,

Heut' ist der Duda-day.
Darüber kann Kaczynski gar nicht glücklich sein,
Duda, Duda,
Und auch der Szydlo PiSt er da ans Bein,
Duda, Duda,
Heut' ist der Duda-day.

25. Juli:

Wetter kennt man im Radio schon fast nicht mehr -
Von Un-Wettern ist bald nur noch die Rede.
Und die Katastrophen rücken immer näher.
Regen satt, ob Hildesheim, ob Eschwege.

26. Juli:

In Mali beklagt die Bundeswehr die ersten Toten:
Ein Hubschrauber ist abgestürzt.
Von der Leyen übernimmt die Pflicht des Todesboten -
Die Lippen sichtlich trauernd sind geschürzt.
Doch wahr ist auch mal wieder:
Es gab Probleme mit dem *Tiger*.

27. Juli:

Während der Klimawandel unser Land grad unter Wasser setzt,
Gerät der Diesel immer weiter in Kritik.
Stuttgart als erste Stadt nun gegen diese Autos "hetzt"
Und fordert Stadtverbot von der Politik.
In Großbritannien und in Frankreich ist man nun schon weiter:
Ab zwanzig vierzig sind Verbrennmaschinen Außenseiter.

28. Juli:

Terrorangst in Hamburg heute.
Im Supermarkt sticht einer wahllos auf die Leute.
Ein Mensch stirbt, fünf sind verletzt,
Der Täter scheint IS-vernetzt.
Einige Mutige haben ihn ergriffen,
Man hofft, er hat am End' die Hinterleut' verpfiffen.

29. Juli:

Wie E-Mobilität
In gescheiter Reichweite so geht,
Zeigt Tesla
Aus California.
Erschwinglich ist der Preis,
Ruhig und vibrationsarm ist die Reis'.
Achtung deutsche Autobauer!
Da ist ein Ami für die Zukunft schlauer!

30. Juli:

Sanktionen hat der Putin gar nicht gerne,
Vor allem, wenn sie von USA bestimmt.
So schickt er heute Diplomaten in die Ferne
Und tut, als ob nur er sich recht benimmt.

31. Juli:

Der Erdogan von Südamerika, der heißt Maduro.
Eine Wahl fand heute statt,
In der der "Sozialist" die Wähler wohl betrogen hat.
Schon die Wählerzahl, laut seinem Büro,
Ist viel zu hoch.
Das eigentlich so reiche Land stürzt in ein tiefes Loch.

August

1. August:

In Berlin beginnt ein Test:
Scanner stellen Identitäten fest.
Zunächst an nur *einem* Bahnhof,
Dann zwei, dann drei, bald überall?
Der eine findet's gut, der andre doof.
Was geht, wird kommen, das ist sicher wohl der Fall.
Wie kann man sich noch schützen?
Mit Anonymous-Masken und mit Mützen?

2. August:

Heut' war Dieselgipfel in Berlin.
"Mueller, Krueger, Zetsche, und wie sie alle heißen,
Wollen Dieselfahrer und die Umwelt eh doch nur bescheißen".
Das der Tenor, dem der "Kleine Mann" so gibt sich hin.
In der Tat ist die Politik da viel zu schwach;
Die Arroganz-Konzerne rüttelt sie nicht wach.
Zugeständnis: Nur etwas, das 'nem Software-Update wär' affin.

3. August:

Neymar,
Der brasilianisch' Fußballstar,
Wechselt von Barca nach Paris.
Die Ablöse, soweit das heute klar is',
Beträgt 222 Millionen.
Das ist Profitgier, das will ich hier betonen.
Von solchem Fußball mag man mich verschonen.

4. August:

Die Politik ist schon ein schmutziges Geschäft:
Elke Twesten die Grünen heut' verlässt
Und wandert ab zur CDU.
Das kostet Weil das Amt vielleicht im Nu.
Dann wär ein CDU-Mann bald Ministerpräsident,
Der den Amtsvorteil zur Wahl dann wohl sein Eigen nennt.

5. August:

In Belgien hatte man wohl länger schon
Über fibronilbelastet' Eier Information.
Doch wenn man dort ermittelt,
Macht man das geheim.
Auch wenn man's als Gefahr betitelt? -
Müsst' Verbraucherschutz nicht weit im Vorrang sein?

6. August:

In seinem letzten Lauf
Holt Usain Bolt den Rückstand nicht mehr auf.
Doper Gatlin gewinnt den Cup -
Huldigt Bolt, den er stets verehret hat.
Pfiffe für den Sieger,
Man feiert Bolt nur immer wieder.

7. August:

Wer einen Diesel hat,
Hat es schwer, ihn wieder loszuwerden.
Manch einer gegen VW nun klagt,
Doch haben die teure Juristen für solcherlei Beschwerden.
Drum erwägt man nun die Sammelklage,
Doch bisher geht's nur auf eignes Risiko, wie schade.

8. August:

Schweinchen Dick hat seinen Kontrahenten jetzt gefunden:
Mit "Feuer, Wut und Macht"
Hat Dumm-Trump die Gefahr nun weiter angefacht
Und droht der Pestbeul' unumwunden.
Nach Guam will Kim Jong Un 'ne schmutz'ge Bombe sckicken.
Grenzenlos die Wut bei Trump - und bei dem kleinen Dicken.

9. August:

Zwei Idioten unterhalten sich...
Klingt wie der Beginn von einem Witz,

Doch so einfach ist es leider nich;
Es ist bitterernst und gehet ums Atomgeschütz.
Bei Schweinchen Dick ist's die reine Angriffslust,
Bei Dumm-Trump der Arsenalbesitzerfrust.
Zwei Dumpfbacken können sich nicht leiden
Und leiten daraus ab, über den Atomkrieg zu entscheiden?

10. August:

Eier sind zurzeit in Europa großes Thema.
Dabei ist Ostern längst vorbei.
Aus Belgien und Holland Verseuchung im Extrema:
Fibronil, ein Insektizid, find' sich in so manchem Ei.
Nun hat man wieder Angst vor Krankheit und Ekzema.

11. August:

Hobos gehörten zu unsern Jugendhelden.
Heimlich reisten sie unter Güterzügen übers Land.
Wie verzweifelt sind, wie sie heute melden,
Jene, die sich unter Zügen zu uns quälten
Und die die Polizei nun halb erfroren fand?

12. August:

Die "heiße" Wahlkampfphase hat begonnen.
Doch kommt sie zunächst noch ziemlich lau daher.
Der Schulz-Hype aus dem Frühjahr ist verronnen.
Eine E-Quote für Autos will er, nicht viel mehr.
Und Merkel redet vor den eignen Leuten auch nur recht
                                                        besonnen.
Kein reißend' Thema,
Alles nach dem altbewährten Schema.

13. August:

In Charlottesville tobten Ultra-Rechts und Ku-Klux-Klan;
Es gab 'nen Terrorakt, Verletzte, eine Tote.
Und Trump? - Zur Kritik an Rechts hob er nicht an;
Will nicht verprellen, wem er verdankt die hohe Stimmenquote.

14. August:

Zweimal Druck führte zum Erfolg:
China sanktioniert den Nachbarn Schweinchen Dick
Und bei Trump kehrt ein Funke von Vernunft zurück;
Er bezeichnet Ku-Kux-Klan und Rechte nun als übles Volk.

15. August:

Etihad
Hat das Zahlen satt.
Air Berlin ist pleite,
Doch der Staat ein Angebot bereite.
150 Millionen beträgt der Kredit,
Damit bis zur Wahl man weiterfliegt.
Ausgerechnet Ryanair haut ganz schnell drauf:
"Wettbewerbsverzerrung!", regt man sich auf.

16. August:

Ein Trump
Redet mal wieder ohne Verstand
Und verwirrt erneut das ganze Land.
Er nimmt das zuletzt Gesagte zurück,
Wertet auf Ku-Klux-Klan und Nazis ein gutes Stück
Und feuert wieder mal Leute.
Regieren? -Vielleicht irgendwann mal, aber sicher nicht mehr
                                                 heute.

17. August:

Ein Hirn wird dann erst richtig dreckig,
Wenn man es hat gewaschen.
Nun ist es bald alltäglich,
Dass Terrorautos Jagd auf die Passanten machen.
Heute traf es Barcelona.
Zwölf sind tot,
80 verletzt und in großer Not.
Ihr Schicksal geht uns nah.

18. August:

Auch in finnisch' Turku
Schlug ein Wahnsinniger heut' zu.
Erstach zwei Passanten in der Stadt.
Nach Schüssen man ihn festgenommen hat.

19. August:

Erdogan gehört nun endgültig in die Psychiatrie;
In den deutschen Wahlkampf greift er ein:
Man wähle unsre demokratischen Parteien nie -
Ein Türk' in Deutschland lasse wohl das Wählen sein!
Per Interpol lässt er den Deutschen Akhanli in Spanien verhaften
- Diesen Typen kann man wirklich länger nicht verkraften!
Warum lassen Spanier sich auf diesen Irren ein!?

20. August:

Venezuelas Parlament
Steht in Opposition zum Präsident.
Drum hat Maduro eine Kommission benannt,
Die Verfassung zu ändern - aktueller Stand:
Sie soll das Parlament entmachten.
Doch es läuft nicht so, wie sie und Maduro dachten.
Das Parlament löst sich nicht auf.
Ein junger Mann namens Guevara hat seine Finger drauf.

21. August:

Big Ben ist ab jetzt für vier Jahre stumm;
Mit Renovierungsarbeiten hat das wohl zu tun.
Auch in Deutschland ist man wieder überall am Bauen -
Teils mit neuen Ideen - nicht immer mit sehr schlauen:
Die Bahn in Rastatt unter Gleisen einen Tunnel bohrte;
Man wollt vereisen
Das Bett von Europas meistbefahr'nen Gleisen,
Doch die Schiene und das Erdreich bald rumorte.
Jetzt kann da nichts und niemand mehr verreisen.

22. August:

Trump noch gestern:
Abzug aus Afghanistan!
Trump heute wegen Terrornestern:
Wir bleiben da und schicken noch mehr Mann!
Aber - wir bauen das Land nicht auf -
Wir hauen nur noch auf die Terroristen drauf!

23. August:

Das deutsche Gold kehrt langsam heim;
Soll länger nicht im Ausland sein.
Gut die Hälfte ist zurück,
Wird eingelagert Stück für Stück
Bei der Deutschen Bank
In Frankfurt, Hessenland.
3400 Tonnen ist es schwer -
120 Milliarden Euro - oder mehr.

24. August:

50 Jahre Farbe im TV.
Caren Miosga, moderne Nachrichtfrau,
Reingetrickst in schwarz-weiße alte Tagesschau.
Dass Farbe war, ehe Willy Brandt noch drückte,
Meiner Betrachtung damals live entrückte,
Weil uns noch kein Farbgerät beglückte.

25. August:

Im VW-Skandal gibt es ein erstes Urteil:
Dreieinhalb Jahre für den geständig' Manager.
Der Kronzeugenstand war ihm kaum von Vorteil.
Milde blieb der Staatsanwalt; der Richter gab ihm deutlich mehr.

26. August:

Hurrikan *Harvey* trifft Texas mit seiner ganzen Macht.
Ob Trump bei seinem Klimaausstieg daran wohl gedacht?
Jetzt gibt er für die Katastrophe den Alarm.

Überschwemmung droht, vom Wetter kein Erbarm'.

27. August:

Houston hat ein Problem:
Die Bürger nur noch durchs Wasser geh'n.
Heft'ge Regenfälle,
Die Sintflut über Texas gar.
Die Hilfe ist zum Glück professionelle.
Man braucht Boote, Helikopter auch in großer Schar.

28. August:

Wieder mal ein Flüchtlingsgipfel, in Paris.
Die Lösung scheinbar nun ganz einfach is':
Die EU-Außengrenze war nach Libyen schon verschoben;
Jetzt wird sie neu in Niger und im Tschad gezogen.
Vorsortierung ist das Zauberwort.
Wer uns nicht passt, den schieben wir bereits von da aus fort.
Schließlich versteht sich Europa nicht als Flüchtlingshort.
Fast schon journalistenfreier Völkermord.

29. August:

Schweinchen Dick mal wieder provoziert
Mit Raketentests ganz ungeniert,
Weil US mit Südkorea manövriert.
Kim Jong Un ließ die Rakete über Japan gleiten.
Der Sicherheitsrat tat die Sache aufbereiten;
Über eine Verurteilung musste man nicht lange streiten.

30. August:

Was nützt das schönste Datenschutzgesetz,
Wenn selbst das BKA es immer nur verletzt?
Journalisten wurd' bei G 20 Zutritt neulich noch verwehrt.
Jetzt wird klar, was die Behörden hatte wohl gestört:
Einträge, haltlos, die längst zu löschen waren,
Führten zu der Beamten illegal' Gebaren.

31. August:

Neue Hoffnung für die Hoffnungslosen:
Gentechnik hat diese angestoßen.
Bei Kindern mit Leukämie
Steigen die Heilungschancen wie noch nie.
Eigene T-Zellen programmiert man genetisch um -
Jetzt erkennen sie die bösen Zellen und schalten diese stumm.

September

1\. September:

In Kenia bestimmt das Oberste Gericht,
Dass Kenyatas Wiederwahl hat kein Gewicht.
Es gab zu viel an Manipulation,
  Drum entschied es überraschend auf die Repetition.

2\. September:

Aus Bushs Fehlern hat Trump doch schon gelernt -
Der betrachtete die Katrinaschäden einst ja nur von oben,
Drum war nach Texas Trump direkt geflogen.
Doch war er den Betroffnen noch zu sehr entfernt -
Drum hat er noch 'ne zweite Reise eingeschoben
Und ein Hilfsprogramm mit eingewoben.

3\. September:

Eine Bombe hat Schweinchen Dick gezündet:
Aus Wasserstoff - im Land, in dem er selbst die Menschen
                                                                        schindet.
Eine andre schwere Bombe hat in Frankfurt man entschärft;
60 Tausend evakuiert, was allein schon ganz schön nervt.
Auf eine dritte Bombe hat vergeblich man gewartet.
Merkel gegen Schulz - als Duell war's eher doch entartet.

4\. September:

Nach dem "Duett" zwischen Schulz und Merkel
Heut' der Fünfkampf um Platz drei.
Rot, Grün, Gelb, Schwarz - und Braun war auch dabei.
Diesmal ging es ohne viel Geschnörkel
Um die Differenzen und nicht herum um heißen Brei.

5\. September:

Im Bundestag letzte Sitzung vor der Wahl.
Das heißt Abschied
Für so manches Mitglied.

Auch Norbert Lammert, lange Jahre Chef im Saal,
Geht: eine Träne in sein Auge stieg.
Das Parlament,
Es ist das Herz der Demokratie.
Wer das nicht anerkennt,
Begreift den Wert der Freiheit nie.

6. September:

Ungarn und die Slowakei
Hatten vor dem EuGH geklagt,
Dass sie mit Recht bei der Flüchtlingsquote nicht seien mit
                                                                     dabei.
Der eine wie der Andere heute unterlag.
Die Klage allein ist Schande schon genug.
Doch Orban will sich jetzt ans Urteil nicht mal halten.
Aber jetzt können auch die Zahlungen an Ungarn endlich mal
                                                                      erkalten.
Den Solidaritätsverweigerern gebührt ein Fluch.

7. September:

Nun wütet *Irma* durch die karibisch' Inselwelt.
Es ist der schlimmste Sturm, den es je gegeben.
Die Schäden kosten Unmengen an Geld,
Doch viel schlimmer sind die vielen verlor'nen Menschenleben.
Der Macht des Sturms hält nichts und niemand stand.
Selbst die Messgeräte sind verweht.
Die Sache wohl auf das Konto Klimawandel geht.
Verwüstet bleibt zurück so manches Land.

8. September:

Nun auch noch Stärke acht Komma zwo;
Das erreichte ein schweres Beben in Mexiko.
Zahlreiche Häuser stürzten zusammen;
Oft waren darin noch Menschen gefangen.
Irma tobt dabei weiter durch die Karibik,
Bereits gefolgt von *José*, fast schon ebenso dick.

9. September:

Irma lässt uns lang' noch nicht in Ruh'.
Im Moment tobt sie über Kuba
Und steuert auf Miami zu.
Zurzeit sieht man zu da,
Dass man 6 Millionen evakuiert.
Wer bleibt, auf eig'nes Risiko sein Leben dann riskiert.

10. September:

Heute ist es nun so weit:
Irma macht in Florida sich breit.
Sie hat sich für die Westcoast nun entschieden,
Wohin sich auch die Flüchtenden sahen getrieben.
Tampa war über Jahrzehnte lang verschont geblieben,
Doch jetzt wird es schwer getroffen von *Irmas* Peitschenhieben.

11. September:

Der elfte September bleibt immer ein besonderer Tag;
Leider auch heute nicht ohne Terroranschlag:
18 Tote durch den IS im Sinai -
Die Geißel der Menschheit -
Überwindet die Vernunft sie denn nie?
Doch auch muslimische Rohingya sind bedroht -
Ausgerechnet Buddhisten bringen sie in Not -
In Myanmar - Aung San Suu Kyi hielt man immer für gescheit
Und nicht für gewaltbereit.

12. September:

Er hatte Humor,
Er hatte Überzeugungen,
Er war nicht unbelehrbar.
Er schlichtete im Stuttgarter Bahnhofsrumor,
Er war Freund und Feind Kohls zuvor.
Er hat Anderen und sich selbst viel abgerungen,
Er hat immer wieder Demokratie und Frieden ausbedungen.
Für ihn gilt besonders, so wie er war:
Viel Feind, viel Ehr' -

Heiner Geißler - er ist nicht mehr.

13. September:

Mehr Euroländer, mehr Schengenstaaten;
Jean-Claude Juncker ruft auf zu schnell'ren Taten.
Derweil Flüchtende neue Wege für sich nützen:
Aus der Türkei übers Schwarze Meer -
Ab Rumänien sie die off'nen Grenzen unterstützen -
Barrierefrei bis zu uns hierher.

14. September:

Das Manöver "Sapad"
Findet in Belarus und Russland statt.
Die Soldatenzahl dürfte da wohl mächtig untertrieben sein -
Daher lässt Putin keine Beobachter hinein.
Es gibt Bedenken wegen des Suwalki-Korridors -
Der und das Baltikum sind schwer zu schützen von den Nato-
                Korps

15. September:

Videoüberwachung überall
Verhindert Anschlag nicht -
In London heut' ein neuer Fall:
Aus einer Tasche eine Flamme sticht -
In der U-Bahn bleibt aus der große Knall.
Immerhin hat man scheinbar ein Gesicht.

16. September:

Die großen Internetkonzerne
Vermeiden ihre Steuern gerne.
Zurzeit treffen sich in Tallinn die Finanzminister,
Um zu sehen, wie man bekommt ins Zahlregister
Diese asozialen Biester.
Steuern zahlen, wo man auch den Umsatz macht,
Das hat unser Schäuble so gesagt.
Doch das umzusetzen, dazu fehlt ihm in Europa noch die Macht.

17. September:

Nun steh'n die Wahlen kurz bevor.
Bisher hat man auf die Unterschiede stark gesetzt
Zwischen den Parteien, mit Eifer und Humor.
Langsam wird es ernst und jetzt
Will der Wähler wissen, welche Koalitionsgedanken liegen vor.

18. September:

In der UN mahnt Trump Reformen an.
Da muss Guterres Recht ihm geben.
Doch wie beim Klima ist sein Hauptmotiv sodann,
Weniger zu zahlen und erst daneben
Die Bürokratie mal zu verschlanken.
Die Helfer gegen Armut in der Welt
Werden es ihm wenig danken,
Dass auch sie erhalten viel weniger an Geld.

19. September:

"Ein jeder denke an sich selbst,
Dann ist an alle doch gedacht!",
Was du, Trump, vor der UNO in den Äther stellst,
Hat die Welt ein Stück gefährlicher gemacht.
Dein Ärger, deine Wut
Der Menschheit tut nicht gut,
Deine Worte könnten kosten unendlich viel an Blut.
Nicht nur ihr Amis Menschen seid,
Auch all' wir Andren gehör'n dazu.
Damit das alles auch noch friedlich bleibt,
Dafür gibt's die UNO-Crew!

20. September:

In Mexiko ist Jahrestag
Für eins der schlimmsten Beben,
Doch heute auch sich dieses wiederholet hat -
Und kostet wieder viele Menschenleben.
Aber beispiellos ist auch die Solidarität,
Wenn es um des Nachbarn Hilfe geht.

21. September:

Eigentlich gehören beide in die Psychiatrie -
Die Gefahr, die von ihnen ausgeht,
Ist so groß wie zuvor noch nie.
Schaut die Welt nun machtlos zu, bis es ist zu spät?
Es ist ein Hornochsenduell
Zwischen Dumm-Trump und Schweinchen Dick.
Sind sie zum Stoppen schon zu schnell?
Die ganze Welt könnt' sich brechen das Genick.

22. September:

Thyssen Krupp kann auf dem Weltmarkt allein nicht mehr
                                                                bestehen -
Muss angeblich deshalb mit dem indisch' Tata-Steel
                                                               zusammengehen.
Die Stahlkocher befürchten Arbeitsplatzverlust
Und gingen auf die Straßen heut' in ihrem Frust.
Zum Steuerspar'n will man dann nach Amsterdam;
Die Masse drum die Manager verdamm'.

23. September:

Eine Rede vor den Vereinigten Nationen -
Und Trump verdirbt den Frieden mit Millionen.
Iran setzt nun wieder auf das Testen von Raketen
Und das dicke Schweinchen schnaubt mit Pauken und
                                                               Trompeten.
Für einen Infarkt ist er wohl leider noch zu jung -
Ereilte dieser Trump, es mich zum Trauern auch nicht drung.

24. September:

Jetzt müssen wir die Unerträglichen ertragen:
Die Früchte der Dekade des übelsten Betragen,
Und können demokratisch uns noch nicht einmal beklagen.
Der dümmste Teil des Volkes wählte sich seine eig'ne Diktatur -
Ein Phänomen, das sich findet ja bei uns nicht nur.

Die GroKo hat sich abgewetzt -
Die SPD ganz unten,
Die Union verloren, unumwunden.
Als einzige Option ist *Jamaika* nun gesetzt.

25. September:

Bei den Unerträglichen rumort es schon:
Frauke Petry schließt sich selber aus aus der Fraktion.
Die Frage ist, wie viele sie wohl mit sich nimmt -
Es schürt Hoffnung, dass etwas bei der AfD nicht stimmt.
Auch die CSU
Gibt keine Ruh'.
Bei der Fraktionsgemeinschaft mit der CDU
Drückt der Schuh.

26. September:

Macron schreitet in Europa mutig schon voran.
Heut' erklärte er seine kontinental'n Visionen.
Er weiß - scheitert er - sind bald die Rechten dran.
Er stärkt Europas Kompetenz für mehrere Missionen.
Derweilen bläht der Bundestag sich weiter auf,
Und der Regierung fehlt die Richtung noch im neuen Lauf.

27. September:

Ist's mit Daesh schon bald vorbei?
Auch Rakka steht nun kurz vor dem Fall.
Eine kurdisch-syrische Allianz ist grad dabei,
Zu erobern des letzten Widerstandes Wall.

28. September:

Ein Verbrechen der übelsten Art
Ging nun am Bodensee an den Start:
Die Kanaille Lebensmittel tat vergiften
Und damit große Ängste stiften.
Babynahrung ist sein erstes Ziel.
Um das zu unterlassen, will er Geld, und zwar sehr viel.
Die Strafe sei dann, wie ich hoffe, ganz besonders hart!

29. September:

Altkanzler Gerhard Schröder
Benimmt sich auch nur immer blöder.
Jetzt ist er von Rosneft
Der Chef.
In Wahrheit aber soll er wohl
Neben der Arbeit für "Deutschlands Wohl"
Dem Wolf den Schafspelz überziehen,
Damit flott
Trotz Boykott
Die Geschäfte wieder blühen.

30. September:

Der Supermarkterpresser ist gefasst.
Tagelang war er von den Menschen meistgehasst.
Der Mann hat die Tat gestanden;
Auch das Gift die Ermittler bei ihm fanden.
Man geht von einem gestörten Einzeltäter aus
Und hält für beendet diesen Graus.

Oktober

1. Oktober:

Heut' soll in Katalonien das Referendum sein.
Gewalt will keiner, doch es lenkt auch keine Seite ein.
Guardia Civil geht hart gegen Demonstranten vor;
Allein schon das könnt' sich entwickeln zu 'nem Eigentor.
Von Hundert konnten 48 wählen,
Von denen tat man aus Hundert 90 für die Abspaltung von
                                                Spanien zählen.

2. Oktober:

Ort des Schreckens ist Las Vegas an diesem Tage.
Woher kommen nur die Salven in die Menge?,
Stellen die Betroff'nen sich die Frage.
Stephen Paddock feuert ohn' Erbarmen ins Gedränge.
59 tot, Hunderte verletzt, so am End' die Klage.
Was trieb den unauffälligen alten Mann?
Auf diese Frage niemand wohl so bald die Antwort finden kann.

3. Oktober:

Zweimal ziehen sich Brüche durch ein Land:
Steinmeier zu Deutschland wohl die richt'gen Worte fand.
König Felipe hat es für Spanien da vermeintlich nicht so leicht,
Weil Katalonien ihm mit aller Macht entweicht.

4. Oktober:

Die Unabhängigkeit bleibt klares Ziel.
Doch auch für Europa steht vieles auf dem Spiel:
Kommt Katalonien tatsächlich da voran,
Sind dann auch Schottland, Südtirol und Korsika bald dran?
Unabhängigkeit heißt nicht gleich Mitgliedschaft in der EU.
Auch der Euro ist dann weg, die Grenzen zu.

5. Oktober:

Ein kurzer, heft'ger Sturm zog über unser Land.
So mancher alte Baum der Gewalt nicht widerstand,
Weil er trug noch seine Blätter,
Und zu früh im Herbst kam dieses Wetter.
Der Bahnverkehr kam fast ganz heut' zum Erliegen;
Nicht viel besser ging's beim Fliegen.
Xavier kostete auch Menschenleben -
Das ist viel schlimmer als nur die materiellen Schäden.

6. Oktober:

Über den Nobelpreis für den Frieden
Wurde als Gewinner *ICAN* heut' beschieden.
Die Organisation ist noch sehr jung,
Doch brachte sie die UNO schon in Schwung:
Ihren Atomwaffenverbotsvertrag
Unterschrieben 50 Staaten bis zum heut'gen Tag.
Nur die Atommächte selbst und deren Freunde nicht -
Als Druckmittel fällt der Preis nun ganz besonders ins Gewicht.

7. Oktober:

Nicht in Gelb für Spanien,
Auch nicht in Gestreift für Katalanien -
Ganz in Weiß ging man auf beiden Seiten auf die Straße.
Unabhängigkeiten ja, doch nicht in diesem Maße.
Auf Dialog will die schweigend' Mehrheit setzen
Und nicht darauf, dass die Hitzköpf' aufeinanderhetzen.

8. Oktober:

Seehofers Flüchtlings-Obergrenze soll nun kommen -
Nur wird sie so nicht heißen.
Die Schwestern haben sich in die Pflicht genommen
Und hören auf zu beißen.
Doch bis Jamaika ist's ein langer Weg -
Man muss sehen, wie Grün und FDP dazu nun steht.

9. Oktober:

Aus Feind wird Freund:
Erdogan neulich sich mit Putin traf.
Damit der verhasste Kurde sich nicht gegen ihn aufbäumt,
Musst' er wissen, ob er ihn umzingeln darf.
Mit Putins Duldung ist Erdogan in Syrien nun einmarschiert
Und in der Folge Kurdistan jetzt auch von Süden drangsaliert.

10. Oktober:

In Barcelona war'n die Erwartungen sehr groß -
Doch - was ist jetzt bloß
In Spanien los?
Putsch-Dämon* sprach die Unabhängigkeit wohl aus -
Doch - für die Versammelten zum Graus -
Schiebt er sie gleich wieder weit hinaus!
Angst vor der eigenen Courage? -
Vor den Anhängern eine Blamage!
So mancher denkt: Was für ein Arsch!
Doch - Seien wir froh um den Funken an Vernunft -
Und hoffen für die Zukunft
Auf eine konstruktiv' Zusammenkunft.

*Lautschrift für : (Carles) Puigdemont

11. Oktober:

Mesale Tolu steht seit heute vor Gericht.
Sie sitzt bei Erdogan in Geiselhaft.
Ein Rechtsstaat ist die Türkei ganz sicher nicht.
"Beweise" werden von weither herbeigeschafft.
Doch anscheinend noch nichts von wirklichem Gewicht.
Vertagt wurd' der Prozess.
In Haft bleiben Frau und Kind indes.

12. Oktober:

Air Berlin ist jetzt fast Geschichte -
Seit heute ist nun klar:
Die Lufthansa übernimmt - ist das nicht wunderbar!?

Wenn das Bestand hat vor dem Kartellgerichte.
Achtzig Maschinen für 'nen Appel und n' Ei.
Lufthansa ist als Global Player erneut ganz vorn dabei.

13. Oktober:

Es war ihm lange schon ein Dorn im Auge:
Das Atomabkommen mit Iran.
Mit Trump bekommt Amerika es nicht unter die Haube -
Jetzt soll der Kongress da nochmal ran.
Isoliert steht nun nicht das Land im Nahen Osten,
Sondern der Tollpatsch auf dem Präsidentenposten.

14. Oktober:

Selbst im BAMF hat Erdogan so seine Spitzel.
Viele seiner Beamten sind in letzter Zeit zu uns geflohen.
Statt Sicherheit bei uns nun neuer Nervenkitzel:
Der Autokrat fordert Übersetzer auf mit Hohn,
Die Leute zu verraten und mit dem Tode zu bedrohen.

15. Oktober:

Vorgezog'ne Landtagswahl in Niedersachsen:
Die SPD liegt vorn;
Doch kann daraus nicht mehr Rot-Grün erwachsen,
Weil die Ökos haben viel zu viel verlor'n.
Aber keiner sich die Hände reibt,
Weil bei, was an Koalitionen möglich bleibt,
Einer immerzu "Unmöglich!" schreit.

16. Oktober:

Österreich rückt ein ganzes Stück nach rechts.
Es gewann die Wahl die ÖVP mit Kurz.
Für uns're Kanzlerin ist das eher wohl was Schlechts,
Für die SPÖ führt die Wahl zum Kanzlersturz.
Kurz und Kern
Hätte Kurz allerdings nicht gern,
Drum werden Partner wohl die rechten Populisten wer'n.

17. Oktober:

Betreibt die Mafia ihren eig'nen Staat?
Daphne Galizias Sohn das so vermutet hat.
Sie war den Korrupten auf Malta dicht wohl auf der Spur.
Sie starb durch eine Bombe, als sie nach Hause fuhr.

18. Oktober:

Stanislaw Tillich trat in Sachsen heut' zurück.
Die CDU war bis hinter die AfD gefallen.
Verantwortung übernimmt er so ein gutes Stück
Dafür, dass in seinem Bundesland so viel die Fäuste ballen.

19. Oktober:

Facing Finance hat nun aufgedeckt,
Dass auch Nobel hinter atomaren Waffen steckt.
Man kann wohl paradox schon nennen,
Dass ein ICAN-Mitglied, also jene, die sich zum Atomausstieg
                                          bekennen,
Von Nobel mit dessen Friedenspreis geehret wird,
Während der Verleiher mit den nuklearen Waffen auf Gewinne
                                          stiert.

20. Oktober:

Wildschweinanschlag in Heide.
Terror auf ganzer Breite.
Beim Optiker begann der Krawall,
Attacken beim Bäcker -
Brot riecht auch für Schweine lecker -
Dann noch ein Banküberfall.
Der Keiler ist tot,
Die Sau geflüchtet.
Die Tat auf Video belichtet.
Die Fahndung läuft auf Stufe Rot.
Der IS übernimmt die Verantwortung.
Zu den Motiven grunzt man nur rum.

21. Oktober:

Statt Chirurgie-Besteck
Holt Rajoy die Keule raus.
Paragraph 155 hat den Zweck,
Zu beenden den spanisch' Separatistengraus.
Das Regionalparlament steht vor dem Ende,
Kataloniens Freiheit an der Wende.

22. Oktober:

Rechtspopulismus und Autonomie
Sind so stark in Mode wie noch nie.
Nun sind Venezien und die Lombardei
Nach dem Vorbild von Katalonien mit dabei.
Eine Abspaltung von Italien wünschen sie jedoch noch nicht,
Doch wollen sie per Referendum erhalten großen Zuwachs an
                                                              Gewicht.

23. Oktober:

Ein "Reichsbürger" stand die letzten Tage vor Gericht.
Verurteilt wurd' er heute wegen Polizistenmord.
Erschienen war er noch mit lachendem Gesicht,
Doch das Urteil "Lebenslang" wischte seine heitre Mimik fort.
Diese Leute leben noch im Dritten Reich -
Also außerhalb der realen Welt zugleich.

24. Oktober:

Konstituierende Sitzung des neuen Bundestags.
7 Parteien, Schäuble ist der neue Präsident.
4 Parteien bei der Sondierung des neuen Koalitionsvertrags.
Albrecht Glaser, AfD, den man als Muselmanenhasser kennt,
Scheitert bei der Vizepräsidentenwahl.
Die AfD sonnt sich als geschund'nes Opfer schon das erste Mal.

25. Oktober:

In Istanbul steht Peter Steudtner vor Gericht.
Mit ihm auch Amnesty als Geiseln des Herrn Erdogan.

Absurd ist's und schuldlos sind sie, schleudern sie dem Richter
ins Gesicht.
Am End' selbst der Staatsanwalt nichts Andres fordern kann
Als Freilassung, um zu beenden die beschämende Geschicht'.

26. Oktober:

Peter Steudtner ist jetzt endlich frei -
Sichtlich erleichtert, dass die Haft ist nun vorbei.
Er ist sogleich nach Haus geflogen.
Er war Opfer derer, die das Menschenrecht massiv verbogen.
Ist die Unabhängigkeit des Rechts nun wieder hergestellt?
Wohl kaum!
Altkanzler Schröder hat bei Erdogan sich vorgestellt
Und wohl geöffnet für Verhandlung neuen Raum.

27. Oktober:

Von München nach Berlin -
Das war der letzte Flug!
So manchem zitterte das Kinn,
Dem Air Berlin war Herzensblut!
Ab heute ist sie Geschichte -
Deutschlands Airline von zweitgrößtem Gewichte.

28. Oktober:

Polen verweigert sich dem Winter.
Nur einmal noch stellt es seine Uhren jetzt zurück?
Rebellion steht nur zum Teil dahinter -
Der Psychologe meint: Der Wechsel dämpft des Menschen
Glück.

29. Oktober:

Kaum sind die Schäden von *Xavier* beseitigt,
Fegt *Herwart* über uns hinweg.
Dauernd unterwegs, wer zur Schadensbilanzierung ist vereidigt:
Der Verlust in die Milliarden geht.
Auch Tote gibt es wieder zu beklagen -
Wer sich draußen aufhielt, riskierte Kopf und Kragen.

30. Oktober:

Nachdem Katalonien die Unabhängigkeit erklärte
Und Spanien Paragraph 155 hatte ausgelöst,
Sich das Gerücht nun heut' vermehrte,
Dass Puigdemont in Brüssel die EU zur Hilf' anstößt.
Oder ist der Rebell jetzt auf der Flucht?
Spaniens Staatsanwaltschaft ihn per Haftbefehl wohl sucht.

31. Oktober:

In Schwerin wurde heut' ein Terrorakt verhindert;
Den jungen Syrer hat man festgenommen.
Doch weltweit hat das die Gefahr natürlich nicht vermindert -
In New York ist ein Amokfahrer auf acht Opfer wohl
                                            gekommen.
Zu Helloween will man Gruselspaß am Horror -
Der endet krass im echten Terror.

Ein einmalig Feiertag soll das nun heute sein -
Das gesteh'n Katholiken den Evangelen, sich und allen andren
                                            auch mal zu.
Martin Luther steht im Mittelpunkt - wie fein!
Er war ein leuchtend Vorbild? - Oh, da drückt der Schuh!
Hasspredigt war wohl eher sein Metier!
Gegen Juden, Bauern, Frauen ganz besonders zäh!

November

1. November:

Trump war für die Führung eines Lands schon immer schlecht;
Ein weit'res Mal stellt er sich nun übers Recht.
Er nennt lächerlich, was die Justiz mit Attentätern macht -
Der gestrig' Amokfahrer soll nach Guantánamo -
Menschenrecht - Gut Nacht!
Erst nach dessen Foltertod wäre der Präsident wohl wieder froh.

2. November:

Rajoy hat weit nun überzogen:
Katalonische Politiker in Haft.
Das Volk fühlt sich betrogen,
So man kein Vertrauen schafft.
Puigdemont war nach Belgien geflohen.
Jetzt sieht man ein, warum.
Mit Europa-Haftbefehl Madrider drohen -
Katalonien man schaltet stumm.

3. November:

Die Sondierung schreitet langsam nur voran.
Nach Jamaika ist der Weg so weit.
Heute waren Familien-, Außen-, Wirtschaftsthemen dran;
Grundsätzlich ist man zur Zusammenarbeit wohl bereit.

4. November:

Im Saudi-Land, da tut sich was.
Korrupte Prinzen und Minister wurden abgesetzt.
Doch gibt es sicher kaum 'nen Wandel zu mehr Spaß;
Der neue Kronprinz nur die Messer wetzt.

5. November:

Es gibt ein neues Schlagwort mit Brisanz:
"Paradise Papers" heißt es wohl.

Wieder geht's um Superreiche, die den Fiskus halten auf Distanz
- Die Säckel der Finanzminister bleiben hohl.
Appleby heißt für Prominente oft das Zauberwort -
Hokuspokus - und das Steuergeld ist fort -
Die Agentur schafft's dir an jeden angenehmen Ort.
Den Klimaschutz, den könnt' man mit den Geldern schaffen,
Wenn die, deren Hals nie voll genug, nicht immer alle Kohle
                                                                    raffen.

6. November:

In Paris hatte man sich entschieden,
Die Erderwärmung auf zwei Grad zu begrenzen.
In Bonn ist die Welt nun heut' erschienen,
Den Bedrohten Wege dorthin zu kredenzen.
Fidschi eigentlich den Vorsitz hat,
Doch ist dafür nicht mehr so viel Platz im Staat.
Auch in Deutschland zählt sie zu den bisher größten
                                                                    Konferenzen.

7. November:

Hans Christian Ströbele ist in Karlsruhe fast schon zuhaus;
Auch heute kam er aus dem BVG freudestrahlend siegreich raus:
Die Regierung darf sich um Antworten nicht drücken,
Wenn Oppositionelle ihre Zettel mit den Kleinen Anfragen mal
                                                                    zücken.
Die Auskunft ist wichtig für die Demokratie!
Ausnahmen? So gut wie nie!

8. November:

Mann oder Frau?
Bei manchen Menschen wusste man das nicht so genau.
Drum hat das BVG entschieden,
Dass diese Fragen länger nicht mehr offen blieben:
Transsexuell muss als eig'nes Geschlecht nun gelten -
Integration in immer komplexer werdend' Welten.

9. November:

Eine Steuer, einmal eingeführt,
Niemals mehr ihre Gültigkeit verliert?
An diesem Grundsatz ist beim Soli wohl zu rütteln,
Sieht man den Finanzminister dieser Zeit sein Säcklein
                                                             schütteln.

10. November:

Hundert Jahre ist der Erste Weltkrieg alt.
Deutsch-französische Erinnerung nahm heut' an Gestalt:
Am damals hart umkämpften Hartmannsweilerkopf
Packte man die Gelegenheit beim Schopf:
Macron und unser Präsident
Arm
In Arm;
Man es Frieden und auch tiefe Freundschaft nennt.

11. November:

Der korrumpierte neue Louvre ist eröffnet.
In Abu Dhabi, einem schamlos reichen Land.
Für dreißig Jahr' hat man den strahlend' Namen nun gepachtet,
Und das Gebäude? Zum Staunen, so, dass jedermannes Mund
                                                         weit offen stand.
Schweiß und Blut der Knechte hat man schnell noch
                                                       fortgewischt –
So dass die Erinnerung ans Sklaventum bloß schnell erlischt.

12. November:

Trump ist aus dem Pariser Klimaabkommen ausgetreten,
Doch Amerikas Städte machen da nicht mit.
Sie haben ihre wichtigsten Firmen schon gebeten,
Zu halten mit den Unterzeichnerstaaten Schritt.

13. November:

Ein starkes Beben
Hat es erneut in einer Region gegeben,

Die zuvor vom Schicksal arg gebeutelt war:
Die Region Irak - Iran.
Es gibt viele Tote - das ist jetzt schon klar.
Davor nur Leid im religiösen Kriegeswahn.

14. November:

Hat es in Zimbabwe einen Putsch gegeben?
Explosionen gab es und auch viel an Militär.
Mugabe, in seinem greisen Leben,
Gibt freiwillig die Macht noch lang nicht her.
Jetzt will Militär durch seine Frau die Beerbung wohl verhindern
Und langfristig im Land die große Armut lindern.

15. November:

Der Sondierung flog die Kanzlerin mal kurz davon,
Zur Weltklimakonferenz in Bonn.
Von der Kohle muss man weg, das weiß sie auch,
Dabei kribbeln Arbeitsplatzverluste ihr im Bauch.
Doch heißt die Frage: Arbeit oder Überleben?
Ohne Klimaschutz wird's auch in Zukunft keine Arbeit geben!

16. November:

Womit sich im Bund noch vier Parteien quälen,
Hat man in Niedersachsen heut' schon überwunden:
Nach Sondierung vom Koalitionsvertrag tat man erzählen
Und von Weils Wiederwahl in ein paar Tagen und noch
                                                                        Stunden.

17. November:

Siemens -
Im Kraftwerksbau ein Schwergewicht,
Macht einige seiner deutschen Werke dicht.
Immens -
Die Leute, die versteh'n das nicht.
Warum ist jetzt vor allem wohl im Osten Schicht?

18. November:

Saad Hariri gibt uns Rätsel auf.
Im Saudiland trat er als Libanonpremier zurück.
Von Gabriel gab's dann Proteste drauf,
Und jetzt ist Hariri bei Macron scheinbar im Glück.
Ist nicht oder ist er freiwillig nun zurückgetreten?
Um Antwort wird in Riad und in Beirut wohl gebeten.

19. November:

"Es ist besser nicht, als falsch zu regieren",
Damit brach Lindner die Sondierung ab
Und trug Jamaika überraschend heute Nacht ins Grab.
Union und Grüne konnten enttäuscht nur reagieren.
Jetzt weiß man nicht, was weiter man wohl machen mag.
Die SPD verneinte neu die GroKo-Frag'.
Damit bleibt niemand mehr zum Koalieren -
Es bleibt allein die Neuwahl propagieren.

20. November:

Jamaika ist gescheitert.
Der Bundespräsident ist nicht erheitert.
Er will die Parteien in die Neuwahl nicht entlassen -
Er will ermuntern, neuen Mut zu fassen.
Keiner darf sich der Verantwortung entziehen -
Auch seine SPD darf ihr nicht entfliehen.
Neuwahlen, die der Wähler mehrheitlich wohl will,
Zieht er vorerst noch nicht in sein Kalkül.

21. November:

Die SPD kann sich in der Opposition nicht sonnen;
Jetzt haben Stimmen für 'ne neue GroKo begonnen
Laut zu werden in der Volkspartei.
Bleibt Schulz das wirklich einerlei?
Auch der Bundespräsident wird Druck bald machen.
Da hat Genosse Vorsitz wohl kaum noch was zu lachen.

22. November:

Mladič, der Schlächter von Srebrenica,
Erhielt das Urteil *Lebenslang*
Für achttausend Morde, so viel ist wahr.
Er tat, als ging ihn das nichts an.
Viele wünschten ihm den Tod, na klar,
Doch das Menschenrecht schützt davor auch diesen Mann.

23. November:

Söder, im Verdacht, ein Kameradenschwein
Zu sein,
Windet sich mit Hinterhalt nach oben.
Doch droben
Ist der Horst noch, nun nicht mehr ganz allein,
Holt er doch Waigel und den Stoiber heut' herein
In ein neues Vintage-, äh, nein - *Zukunftsteam*,
Zu halten möglichst lang' den Söder hin.

24. November:

Unmenschlichkeit kennt keine Grenzen,
Vor allem, wenn sie im Namen von Allah begangen.
Im Sinai gab es länger schon Gewalttendenzen,
Doch bleibt man dieses Mal dem Schock verfangen.
Eine Moschee haben Attentäter dort gesprengt,
Dann, wer überlebt', mit Salven in den Tod gedrängt.

25. November:

"Hört die Signale!"
So das Juso-Motto bei diesem Male.
Schulz wollen die Jungen die Gefolgschaft wohl verweigern,
Sollte der sich in Richtung GroKo wieder steigern.

26. November:

Aus Griechenland kommt endlich einmal gute Mär:
Man braucht das ganze ESM-Geld nun wohl nicht mehr.
Jetzt könnte man auch weitre Gläubiger bezahlen.

Am südlich' Eurohimmel erste Sonnenstrahlen.

27. November:

Am Ende steht die Reue
Gegen die vermeintlich' Bauernschläue.
Millionen hatte der Schlecker-Clan noch beiseit'geschafft.
Heute müssen Antons Kinder dafür nun in Haft.
Er selbst erhielt Bewährung,
Glaubte immer noch an Rettung - daher die Gewährung.

28. November:

Das GroKodil hat erneut gedroht,
Bis Agrarminister Schmidt stimmte gegen Glyphosatverbot.
Minist'rin Hendricks fühlt sich übergangen,
Und Merkel hält die CSU wohl nicht bei der Stangen.
Auch das zarte GroKo-Pflänzchen hat das Mittel so zerstört.
Und gegen Mitwisser Seehofer ist man zurecht empört.

29. November:

Kriegsverbrechen - letzter Akt:
In Den Haag wurde Praljak zu 20 Jahr'n verknackt.
Der griff zu einem Fläschchen Gift
Und leert's in einem Zuge.
Vorher beklagt' er lauthals noch die Urteilsschrift.
Im Krankenhaus überschreitet er zum Tod die Fuge.

30. November:

Ein Campesino verklagt den großen RWE.
Existenzbedrohung: in den Anden taut der Schnee.
Klar, dass der Kohlekonzern das anders seh':
"Wir alleine schuld? - Ein glasklares: Nee!"
Doch das Gericht lehnt das Verfahren gar nicht ab.
Die Justiz sich auf absolutes Neuland da begab.

Dezember

1. Dezember:

Die Putin-Connections lassen Trump nicht los.
Hat Russland für seine Wahl interveniert?
Michael Flynn gab neuen Beweisen heut' den Stoß:
Er hatte gelogen und hat jetzt Donald's Kinder attackiert.

2. Dezember:

Populisten beherrschen jetzt schon mehrheitlich die
                                                       Nachrichtwelt:
Durch Trumps Reformen erhalten all die Reichen noch mehr
                                                                    Geld;
Bei der AfD hat man in den Vorstand Meuthen heut' gewählt
Und Gauleiter neben diesem aufgestellt.

3. Dezember:

Der Bombenalarm in Potsdam auf dem Weihnachtsmarkt
Stellt als Erpressung an die DHL sich nun heraus.
In dem Paket ein verschlüsselt Code sich wohl verbarg,
Dass der Paketdienst zahle dem Erpresser eine Riesensumme
                                                                    aus,
Damit er stoppe seinen Weihnachtsgraus.

4. Dezember:

Unsympathisch sind sie beide -
Doch das ist in Bayern kein Kriterium.
Der Schlimmere die CSU in den Wahlkampf nun geleite,
Seehofer wurschtelt in Berlin jetzt rum.
Wo ist noch Unterschied zur AfD?
Söder von ganz rechts tut den Nerven weh.

5. Dezember:

Für Russland hat man staatlich' Doping festgestellt;
Drum schließt man aus das Land von den Olympisch' Spielen
                                                                                  dieser Welt.
Nur saubere Athleten
Werden unter neutraler Flagge zu den Spielen noch gebeten.

6. Dezember:

Seine Botschaft will Trump in Jerusalem jetzt haben.
Neuer Zündstoff an die gesamt' arabisch' Welt.
Immens ist inzwischen all der Schaden,
Vor den Donald unsern Erdkreis stellt.

7. Dezember:

Schulz stand unter argem Druck,
Will in der SPD kaum einer doch das GroKodil zuruck.
Hundert Prozent war'n bei seiner Wiederwahl nun nicht mehr
                                                                                  drin,
Aber 82 reichen - man gibt sich den Gesprächen widerwillig hin.

8. Dezember:

Seit den frühen Neunzigern steht der Plan:
Super-Speed Fortschritt bei der Deutschen Bahn.
Reichlich Zeit ist seitdem vergangen -
Währungswechsel, Preisverdopplung -
Mehr als 10 Milliarden taten die Firmen jetzt verlangen -
Heut' nun feierlich die Einweihung
Für die Strecke und den neuen ICE-4.
Berlin - München in Stunden unter vier.

9. Dezember:

Der alte Tempel der Königin Hatschepsut
Öffnet neue Räume.
Das sei für den erlahmten Tourismus besonders gut -
Jetzt erfüllen wohl Chinesen sich ihre Reiseträume.

10. Dezember:

Die SPD ist für offene Gespräche endlich offen;
Da zieht die CDU wieder ihren roten Strich.
Kein gutes Omen für alle, die auf neue GroKo hoffen.
Eine Bürgerversicherung und United States of Europe gibt es
                                                        wieder nich.

11. Dezember:

Bitcoins sind im ungeahnten Höhenflug.
Doch, sind sie Segen oder Fluch?
Soll man investieren, in was man nicht versteht?
Sie wollen uns erklären, wie das geht.
Doch, wenn wir endlich halbwegs wissen, wie das ging,
Macht die Blase wieder pling,
Und unser ganzes Geld ist hin.

12. Dezember:

Seine Hochburg Alabama ist für Trump verloren.
Nicht Moore, sondern Jones hat der Wähler auserkoren,
Ihn im Senate künftig zu vertreten.
Die von Moore geschändet' Frauen wohl die Stimmung drehten

13. Dezember:

Die harte Pleite trifft jetzt Niki-Air,
Denn Lufthansa zahlt keinen Euro mehr.
Die EU würd' die Fusion wohl untersagen,
Drum will sie der Kranich plötzlich nicht mehr haben.
Am Abend ist die letzte Maschine wohl gelandet.
Tausende steh'n europaweit gestrandet.

14. Dezember:

Ist die Solidarität in der EU gescheitert?
Die Visegráder hat durchaus erheitert,
Dass ausgerechnet der Pole Donald Tusk
Sie erklärt nun für beendet, aus lauter Frust.
Dürfen Orban, Tschechen, Polen Beispiel sein

Für Erfolg, wenn man auf Beschlüsse geht nicht ein?

15. Dezember:

Bei der Regierungsbildung wenig Neuigkeiten,
Phase von Arschkriechereien in der Union.
Drum will man uns aus Berlin mal wieder einen alten Witz
                                                    bereiten:
Der BER eröffnet im Oktober Zwanzigzwanzig schon.

16. Dezember:

Wer glaubt, es könnt' entfernt nur um das Wohl des Bürgers
                                                    gehen,
Liegt wahrscheinlich meilenweit daneben.
Machtgeil hat man Seehofer vor Jahren schon gesehen;
Seine Ablösung geschieht durch einen noch Machtgeileren grad
                                                    eben.

17. Dezember:

Bei Santa Barbara wütet weiterhin ein großes Feuer:
Die Gebäudeschäden bei den Reichen werden teuer.
Doch die USA steigen weiter aus dem Klimapakte aus.
Ein weitres Spiel mit dem Feuer aus dem Weißen Haus:
Die neue Botschaft in Jerusalem.
Auch in Berlin blanker Hass gegen Israel und Uncle Sam.

18. Dezember:

Eine weitere Geisel der Türkei
Ist endlich wieder frei:
Mesale Tolu konnte das Gefängnis heut' verlassen,
Doch man lässt sie nicht ausreisen.
Iustitiae Unabhängigkeit will Erdogan uns beweisen.
Doch ohne sein Okay konnt' man sowas sicher nicht verfassen.

19. Dezember:

Gedenken heut' am Breitscheidplatz,
Ein Mahnmal eingeweiht.

Ungelöst steht immer noch der Satz:
Was macht einen Menschen so gewaltbereit?
Kritik hagelt noch auf viele Stellen.
Amri war polizeibekannt -
Warum tat unter Arrest man ihn nicht stellen?
Es war die schlimmste Tat in unserm Land.

20. Dezember:

Trump hat seinen ersten großen Coup gelandet:
Die Reform der Steuer.
Vorm Weißen Haus da feiert er in Partydress gewandet.
Doch für Amerika wird's teuer!
Unternehmenssteuer von 35 auf 21 Prozent,
Der Spitzensteuersatz weit nach unten auch gelenkt.
Davon profitiert er selbst am meisten
Und kann sich den Verzicht aufs Präsidentengeld mit Lachen
                                                                 leisten.

21. Dezember:

Wohl beispiellos an Niedertracht
Ist, was Sergej W. mutmaßlich hat vollbracht:
Bomben am BVB-Bus hatte er gezündet,
Damit sich Dortmunds Aktie nach unten windet.
Mit dem Wettgeld darauf wollt' er sich die Taschen stopfen.
In den nächsten Tagen man in Dortmund nun sein Urteil findet.
Man mög' ihn dafür lange in die Zelle pfropfen.

22. Dezember:

Auf Spaniens Geheiß
Wurde in Katalonien heut' gewählt.
Jetzt, da Rajoy das Ergebnis weiß,
Wirkt er noch viel mehr gequält.
Zwar wurde die *Ciudadanos* stärkste Kraft,
Doch gegen die Separatisten sie keine Mehrheit schafft.

23. Dezember:

Für die Ukraine soll es frische Waffen geben,
So hat es Trump bestimmt.
Für mehr Profit und weniger an Menschenleben,
Je nachdem, wie man im Donezbecken sich benimmt.
Auch die Ukraine exportiert eigne Waffen,
Zum Beispiel in den Südsudan.
Warum sie diese denen dort beschaffen,
Da frag man mal in Rijad an.

24. Dezember:

Um das Jugendstrafrecht zu umgehen,
Plant man in Deutschland neue Wege:
Straffällige Asylanten will man künftig in Marokko sehen.
Wer als Jugendlicher hier mit dem Gesetz kommt ins Gehege,
Den übergibt man dann wohl den Afrikanern in die "Pflege".
Klein Guantánamo?
Das macht die rechten Wähler froh!

25. Dezember:

Natürlich spendet der Onkel aus dem Märchenland
Auch heute wieder Segen aus seinem Weibsgewand.
Das nimmt fast die ganze Nachricht ein -
Dann fuhr aber auch noch einer in die SPD-Zentrale rein.

26. Dezember:

Die fliegenden Gelben Engel
Fliegen jetzo von der Bundeswehr die Bengel.
Weil deren graue Helikopter zu nichts mehr taugen,
Muss man die Fluglizenzen nun wohl aus den Gelben saugen.

27. Dezember:

Mit Optimismus schaut die Wirtschaft weiter noch nach vorn.
Man fragt sich nur, wer produzieren soll?
Die Auftragsbücher, die sind voll,
Doch ist der leergefegte Arbeitsmarkt im Aug' der Dorn.

28. Dezember:

Donald Trump,
Der dumme Ignorant,
Kann Klima und Wetter nicht auseinanderhalten,
Wenn im Nordosten sich die Lüfte grad extrem erkalten.
Bis minus 35 Grad werden dort gemessen,
Und bald zwei Meter Schnee fiel unterdessen.

29. Dezember:

Kalifornien: die schlimmsten Brände.
Europa: Wassermassen ohne Ende.
Karibik: Hurricanes statt Urlaubsstrände.
2017: Volle Klimawende.

30. Dezember:

Niki ist an IAG verkauft.
Airlines gibt's zum Schnäppchenpreis.
Haben sich nicht viele drum gerauft.
Lufthansa durfte nicht, und Niki Lauda wurd's zu heiß.

31. Dezember:

Aufruhr wird gemeldet aus Iran.
Die Wirtschaft liegt am Boden,
Die Preise steigen weiter an.
Gescheitert sind der Mullahs Ökonomie-Methoden,
Hoffnung keimt, dass man sie bald stürzen kann.

Weitere Bücher von Andreas Härdter

Spaziergang nach Rom

Die meisten Dinge sind an sich schon komisch; die anderen werden es, wenn man sie in einem neuen, manchmal auch absurden Zusammenhang betrachtet.

Unter diesem Leitspruch machte sich der Satiriker und leidenschaftliche Fußgänger Andreas Härdter zusammen mit seinem Cousin Michael einst von Braunschweig aus auf, um 10 Jahre oder 80 Wandertage später den antiken Nabel der Welt für sich zu erobern.

Es ist ein humorvolles, ein satirisches, ein witziges Buch, das vor allem die zahlreichen Erlebnisse und Kuriositäten am Rand des Weges beleuchtet und dabei gelegentlich auch einmal stark übertreibt. Ein gehöriger Schuss Selbstironie darf natürlich nicht fehlen, und so bleiben auch die kleinen und großen Schwächen, Fehler und Ängste der Akteure nicht verschont. Aber aus allen Gefahren kamen sie immer heil heraus und hatten abends meist das Glück, auf das Happy-End der Tagestour mit einem Hefeweizen anstoßen zu können.

ISBN: 978-3-943070-02-6
Als eBook: ISBN 978-3-943070-03-3

Die Hanse-Runde - geradelt

Im Uhrzeigersinn um die Ostsee
Von Travemünde nach Travemünde

Die meisten Dinge sind an sich schon komisch; die anderen werden es, wenn man sie in einem neuen, manchmal auch absurden Zusammenhang betrachtet.

Unter diesem Leitspruch machte sich der Satiriker, leidenschaftliche Wanderer und Radfahrer Andreas Härdter erneut auf, um dieses Mal die gesamte Ostsee aus eigener Kraft, teils zu Fuß, aber größtenteils mit dem Fahrrad, zu umrunden. Von Travemünde nach Kopenhagen wählte er, wie zuvor schon auf seinem Spaziergang nach Rom, den Fernwanderweg E6, bereiste dann aber die Küstenländer Schweden, Finnland, Russland, Baltikum und Polen mit dem Fahrrad.

Das wahrscheinlich witzigste Reisebuch der Welt hat damit ernsthafte Konkurrenz, und das auch noch aus dem eigenen Stall, bekommen. Wieder ist dem Autor ein humorvolles, ein satirisches, ein witziges Buch gelungen.

ISBN: 978-3-943070-08-8
Als eBook: 978-3-943070-09-5

Der Zeitenzeuge

Ein religionskritischer, historischer Roman

Semenchkare war Pharao in Ägypten, der Nachfolger Echnatons. Dem weltlichen Machtkampf der Götter Amun gegen Aton wurde er geopfert und vom Thron gestürzt, wodurch Amun obsiegte. Sein Name wurde getilgt, von der Geschichte wurde er vergessen. Sein Grab hat man nie gefunden. - Weil er bis heute überlebt hat! Erst in unserer Zeit erfuhr Semenchkare, dass er seine extreme Langlebigkeit einer durch seine Familie vererbten Anomalie der Gene verdankt.

Über die Jahrtausende war es für ihn überlebensnotwendig gewesen, seine Identität immer wieder zu wechseln. Unser Informationszeitalter hat diese Strategie schließlich scheitern lassen. Der Ex-Pharao ist gezwungen, sich zu offenbaren. Er will diesen Schritt aber noch nicht unternehmen, ohne zuvor eindeutige Belege für seine wahre Identität vorlegen zu können. Eine Reise mit ehrenhaften Zeugen an einen geschichtsträchtigen Ort liefert die unumstößlichen Beweise. Sie verschaffen ihm die Glaubwürdigkeit, die Geschichte in wichtigen Punkten zu korrigieren, denn er war leibhaftiger Zeitenzeuge in den Epochen, in denen sich die großen Religionen der Welt ausbildeten. Und er war nicht unbeteiligt daran gewesen.

Kein Gott hatte sich jemals wirklich offenbart! Aufklärung und Wissenschaft veränderten auch sein Weltbild. Seither ist er auf der Suche nach der absoluten Wahrheit und hofft, die Erkenntnis der Weltformel noch miterleben zu dürfen. Berührungspunkte mit dem absolut Wahren hat er bereits gefunden!

© 2011 by Freigeistiger Verlag Andreas Härdter, Vechelde
Druckausgabe: ISBN 978-3-943070-00-2
eBook Ausgabe: ISBN 978-3-943070-01-9 (epub-Format)

Jetzt neu!

Der Zeitanzeiger

auch in altdeutscher Schrift (Sütterlin; Deutsche Kurrentschrift)

720 *Seiten in dieser Schriftgröße*

ISBN: 978-3-943070-12-5

Andreas Härdter

JAHRESGEDICHTE

JAHRESGEDICHT 2002

Jahresgedicht 2002

365 Kurzgedichte zur aktuellen Weltgeschichte

Die Top-Nachricht eines jeden Tages im Jahr 2002 wird darin in gereimter Form wiedergegeben. Das Jahresgedicht ruft so auf angenehme Weise und knapp gehalten, mal ernst, mal heiter, die Erinnerung an dieses ereignisreiche Jahr zurück.

Der Leser wird erstaunt sein, wie oft er sich während der unterhaltsamen Lektüre an die Stirn fasst und sagt: „Ach ja, das hatte ich ja schon ganz vergessen!"

Machen Sie aktiv mit bei einer neuen Ausgabe der Jahresgedichte! Setzen auch Sie Ihre Top-Nachricht in Reimform und senden Sie diese als E-Mail an den Verlag: www.freigeistiger-verlag.com

Vielleicht erscheint dann auch Ihr Kurzgedicht im neuen Band bald als eBook oder gar als Buch!

Freigeistiger Verlag Andreas Härdter, Vechelde
Buchausgabe: ISBN 978-3-943070-04-0
eBook Ausgabe: ISBN 978-3943070-05-7 (epub-Format)

Jahresgedicht 2012

366 Kurzgedichte zur aktuellen Weltgeschichte
Buchausgabe: ISBN 978-3-943070-06-4
eBook Ausgabe: ISBN 978-3-943070-07-1

Jahresgedicht 2013

365 Kurzgedichte zur aktuellen Weltgeschichte
Buchausgabe: ISBN 978-3-943070-10-1
eBook Ausgabe: ISBN 978-3-943070-11-8

Jahresgedicht 2014
365 Kurzgedichte zur aktuellen Weltgeschichte
Buchausgabe: ISBN 978-3-943070-13-2
eBook Ausgabe: ISBN 978-3-943070-14-9

Jahresgedicht 2015
365 Kurzgedichte zur aktuellen Weltgeschichte
Buchausgabe: ISBN 978-3-943070-15-6
eBook Ausgabe: ISBN 978-3-943070-16-3

Jahresgedicht 2016
366 Kurzgedichte zur aktuellen Weltgeschichte
Buchausgabe: ISBN 978-3-943070-17-0
eBook Ausgabe: ISBN 978-3-943070-18-7

Jahresgedicht 2018

in Vorbereitung

Andreas Härdter

Die Wanderung von Braunschweig nach Rom

Alle reich bebilderten und sehr ausführlichen Beschreibungen der Tagestouren nach Rom.

Teil 1: Von Braunschweig nach Salzburg – 36 Tagestouren (pdf-Format)

Teil 2: Über die Alpen nach Venedig – 20 Tagestouren (pdf-Format)

Teil 3: Von Venedig nach Rom – 24 Tagestouren (pdf-Format)

Mit Link auf Google maps, wo jede Tagestour genauestens in Kartenform verzeichnet ist.

Die Wanderung auf dem E 6 von Braunschweig nach Kopenhagen

Alle reich bebilderten und sehr ausführlichen Tourenbeschreibungen der langen Wanderung an die Ostsee und nach Kopenhagen.- 29 Tagestouren (pdf)

Mit Link auf Google maps, wo jede Tagestour genauestens in Kartenform verzeichnet ist.

Die Wanderungen auf dem E 11 zwischen Wiehengebirge und Halle (Saale)

Alle reich bebilderten und sehr ausführlichen Tourenbeschreibungen der Wanderung von Goslar nach Neue Mühle bei Lübbecke (Wiehengebirge) und von Goslar am Harzrand entlang bis nach Halle an der Saale - 21 Tagestouren inklusive Brockenexkursion (pdf)

Mit Link auf Google maps, wo jede Tagestour genauestens in Kartenform verzeichnet ist. (in Vorbereitung)

Im Uhrzeigersinn um die Ostsee

Alle reich bebilderten und sehr ausführlichen Tourenbeschreibungen der langen Fahrrad-Wanderung um die gesamte Ostsee herum.

Teil 1: Von Kopenhagen entlang der Ostseeküste nach Stockholm – 8 Tagestouren (pdf)

Teil 2: Um den Bottnischen Meerbusen – von Stockholm nach Turku – 20 Tagestouren (pdf)

Teil 3: von Turku über Helsinki und Sankt Petersburg nach Tallinn – 9 Tagestouren (pdf)

Teil 4: von Tallinn über Kaliningrad nach Danzig – 13 Tagestouren (pdf)

Teil 5: von Danzig nach Travemünde - 7 Tagestouren (pdf)

Mit Link auf Google maps, wo jede Tagestour genauestens in Kartenform verzeichnet ist.

www.ingramcontent.com/pod-product-compliance
Lightning Source LLC
Chambersburg PA
CBHW031409040426
42444CB00005B/479